陕甘宁易地移民扶贫迁出区土地整治问题研究

滕海峰 著

人民出版社

责任编辑：杨瑞勇

封面设计：徐　晖

图书在版编目（CIP）数据

陕甘宁易地移民扶贫迁出区土地整治问题研究/滕海峰 著. —北京：
　人民出版社,2023.8
ISBN 978－7－01－025638－2

Ⅰ.①陕…　Ⅱ.①滕…　Ⅲ.①土地整理-研究-西北地区　Ⅳ.①F321.1

中国国家版本馆 CIP 数据核字（2023）第 070897 号

陕甘宁易地移民扶贫迁出区土地整治问题研究

SHANGANNING YIDI YIMIN FUPIN QIANCHUQU TUDI ZHENGZHI WENTI YANJIU

滕海峰　著

人民出版社 出版发行

（100706　北京市东城区隆福寺街 99 号）

天津文林印务有限公司印刷　新华书店经销

2023 年 8 月第 1 版　2023 年 8 月北京第 1 次印刷
开本:710 毫米×1000 毫米 1/16　印张:14
字数:208 千字

ISBN 978－7－01－025638－2　定价:90.00 元

邮购地址 100706　北京市东城区隆福寺街 99 号
人民东方图书销售中心　电话 (010)65250042　65289539

目　　录

前　言

　　"易地扶贫搬迁"作为我国重要的扶贫政策，自 2001 年开始实施，到目前已经 20 多年了。在国家政策和社会各界的支持下，易地扶贫搬迁在有限时间与物力条件下完成了部分农村贫困人口的"空间迁移"，使这部分人口得以在新环境中开启以"人的发展"为目标的发展路向。但是，根据调查，在我国各地实施的易地扶贫搬迁工作中，大部分地方比较重视迁入区建设和移民就业、教育、医疗等民生工作，但也有部分地区对于迁出区的再建设工作不是很重视，因而在许多易地扶贫搬迁集中迁出区域，出现大面积的荒芜耕地、废弃宅基地、荒芜集体建设用地等现象。因此，针对该现象和问题，本书提出易地扶贫搬迁后续扶持既要"向前看"，认真做好迁入区建设和相关扶持工作，也要"往后看"，扎实做好迁出区土地资源的综合开发和保护利用工作。

　　本书围绕"易地移民扶贫迁出区土地整治"的研究主题，以陕甘宁易地移民扶贫迁出区为样本区域，按照"文献调研—社会调研—分析研判—咨询建议"的技术路线展开调查研究。由于易地移民扶贫迁出区土地整治，是一项涉及法律、制度、政策、实践等多个方面的综合性问题，也是一项国家政策推动下的惠民工程所涵盖、具有附带性质的问题，更是一个当前价值不突出而今后十分重要的问题，所以在开展研究的过程中，注重社会调研与文献调研并举、国家法律法规梳理与国家政策适应性分析同步、国家顶层设计与地方实践探索对照检视、陕甘宁具体实践与兄弟省区市典型经验横向对比，既分析了陕甘宁易地移民迁出区土地整治的实践做法、取得成效及存在的问题，也更加突出分析了国家法律、制度、政策在此过程中的相关顶层设计及存在的不足，从而为易地移民迁出区土地整治的相关法律体系、制度安排、政策体系进一步完善和优化提出咨询建议。

第一，认为易地移民迁出区土地整治，不是简单的实践操作问题，而是人地关系协调和国土空间格局优化的综合性问题，需要遵循协同性、开放性、整体性、层次性等生态哲学原则，深刻把握"实施易地搬迁—土地功能变化—开发或使用方式变化"的内在逻辑与发展机理，从"空间—规模—产业—时间"四个维度充分认识迁出区土地主体和功能变化以及相伴随的产权、制度、使用或方式的变化，从而解决"怎么看"的问题，摆正主题的位置。

第二，认为做好迁出区的土地整治需要进一步厘清相关的法律依据。一是在迁出区土地产权关系上，成建制整村搬迁而形成的迁出区土地，其所有权主体由集体变为全民所有；零散搬迁的迁出区土地，仍由村集体所有；二是在迁出区土地使用方向上，宅基地房屋拆除并复垦复绿、耕地退耕还林还草或者继续农业生产，总体上主要是生态恢复和发展适宜的生产项目；三是迁出区所在行政区土地类型结构将随之改变，需要在法律文件及土地利用规划中做出相应调整。从而解决迁出区土地整治"谁来办"的法律主体问题。

第三，通过系统梳理和考察相关制度安排发现，关于迁出区土地整治的相关制度安排，主要有土地产权、使用方式、用途管制、生态补偿、监督检查等方面，从整治实践来看，目前我国现有的相关制度安排和规范标准等过于笼统和宽泛，需要进一步厘清和继续完善，以便解决好迁出区土地整治在制度上"怎么管"的问题。

第四，认为迁出区土地整治是易地移民扶贫搬迁中的一项重要工作任务，涉及大量的国家政策、规划和实施细则。这些都需要从国家层面及各地的相关政策中，梳理直接或间接的相关政策，以便更好整合和高效利用政策，解决政策支持转化为治理效能的"怎么治"的问题。

第五，通过实证考察和专题调研，分析了不同区域土地整治过程中的空间特征、战略目标、政策实施、项目安排以及路径选择，同时也专题考察了土地整治与相关制度改革、产业发展、主体培育、后续扶持、生态保护与建设、城镇建设等他项工作的相互联系,以解决好"区域总体如何统筹、怎么做"和"重点是什么、怎么抓"的现实问题。

第六,在陕甘宁及其他实证考察的基础上,认为在中长期内,特别是在"十四五"规划时期,围绕迁出区土地整治需要进行政策创新。一是坚持以"生态修复"为核心的土地整治方向;二是基于不同自然条件差异,坚持分类指导的工作方针;三是与黄河战略、生态战略、乡村振兴、地方病治理等国家战略实施结合起来;四是建议易地扶贫搬迁政策改为"易地扶农政策"、部分地区因地制宜延长或实施"易地扶农政策"、搬迁补助资金使用实行结构优化管理等。以期解决好"如何优化"的问题。

本书在开展研究的过程中,在内容体系和研究方法上做了一些探索和创新。一是不仅将迁出区土地整治作为一项具体的实际工作,而且将其看作一项理论性、法律性、制度性、政策性都很强的综合性工作,具体讨论了迁出区土地整治在理论上的问题属性、法律上的产权界定、制度上的具体安排、政策上的支持范畴等,因而从单纯的工程性问题拓展为理论、法律、制度、政策、实践等多个方面和维度的综合性问题。二是着眼于迁出区土地利用方式、荒芜状况、制度安排及政策支持,将迁出区的土地整治与城镇建设、农民搬迁、产业打造、农民培训等密切结合起来。三是不仅着眼于陕甘宁全省区范围的综合考察,还注重"全省(区)—市州—县区—乡镇"的不同规模、不同层级、不同区域的综合性、系统性、立体性考察。四是不仅是静态地看待迁出区土地整治问题,还将其纳入黄河战略实施、国土空间开发格局优化等领域,以期更加寻求空间正义与格局优化。

由于本书将研讨重点放在迁出区土地整治的综合性和专题性考察上,同时由于迁出区土地利用、地形地貌、自然条件等地图资料难以获取,致使对于迁出区土地生态修复和生态治理的生态价值核算、生态价值转化、碳汇交易等研究不足。在"碳达峰""碳中和"背景下,迁出区土地整治将带来非常巨大的生态价值,亟须研究迁出区土地整治所产生的生态价值及其转化机制。同时,书中提出了土地整治中建立"空间—资本—劳动"三位一体的分析框架思路，但在具体考察研究中，主要是以定性分析为主，而定量研究相对不足。今后，将进一步深入研究国土开发及其格局优化中"空间—资本—劳动"三位一体的内在机制，还有很大的空间。

第一章　绪　论

"易地扶贫搬迁"作为我国重要的扶贫政策,自2001年开始实施,到目前已经20多年了。根据国家统计局有关数据,从2001年到2020年3月,在中央和地方的共同努力下,全国已有2130多万人搬出了大山和自然条件恶劣的地方。实践证明,易地扶贫搬迁已经和正在发挥着积极的作用。但是,根据调查,在我国各地实施的易地扶贫搬迁工作中,大部分地方比较重视"搬得出、稳得住、能致富",但也有部分地区对于迁出区的再建设问题不是很重视,因而在许多易地扶贫搬迁集中迁出区域,出现大面积的荒芜耕地、废弃宅基地、荒芜集体建设用地等现象,甚至在一些地方还出现大面积的土地盐碱化、荒漠化和沙漠化的情况。因此,易地扶贫搬迁既要"向前看",认真做好迁入区建设工作,也要"往后看",扎实做好迁出区土地资源的综合开发和保护利用工作。陕甘宁是我国西部贫困人口集中区的典型区域,易地扶贫搬迁的面积比较大、人口比较多、情况比较复杂。为此,本书以陕甘宁易地移民扶贫迁出区土地整治作为研究主题,将其与国土空间开发格局优化和乡村振兴结合起来深入研究,具有一定的现实针对性。

一、研究区域界定

(一)本书的研究范围

主要是陕甘宁三省区,面积约占全国的3.6%,人口约占全国的1.69%。一是地理范围。主要是六盘山片区、秦巴山区、吕梁山区等集中连片特殊困难地区,该区域集少数民族地区、革命老区于一体,干旱少雨,水土流失严重,贫困面广、贫困程度深。二是行政范围。主要包括陕甘宁三省区的国家集中连片特困县,其中陕西56个、甘肃58个、宁夏9个。三是人口范围。主要包括陕甘宁三省区易地扶贫迁出区的政策移民和自发移民。四是荒芜土地。主要指陕甘宁三省区易地移民扶贫迁出区的撂荒耕地、废弃宅基地、闲置集体用地等。

(二)研究区域的客观性和特殊性

陕甘宁历来是国家实施易地扶贫搬迁战略的重点区域。这主要是由于三方面的原因。一是陕甘宁是我国黄土高原的核心地区,山多沟深,干旱和半干旱严重,生存条件非常差的空间大。二是陕甘宁的干旱和半干旱山区、沟壑区和阴湿区面积比较大,这些典型地区是我国贫困人口发生率比较高的地区之一,相对来说需要易地搬迁扶贫的人口比较多。三是改革开放以来,国家对陕甘宁实施了强度比较大的搬迁扶贫措施,同时在迁出区也形成了大面积的撂荒地和荒芜旧宅基地等,浪费了大量的土地资源。

(三)研究区域加强迁出区土地整治的意义

实践意义。一是实际了解迁出区土地使用现状。二是通过土地整治盘活迁出区土地资源,建设高标准基本农田、补充耕地,发展现代农业。三是促进土地整治与现代农业发展和农民增收结合,促进脱贫攻坚成果巩固与乡村振兴有效衔接。四是将废弃或腾退宅基地复垦整治与城乡建设用地增减挂钩政策实施相结合,优化城乡空间格局和美丽乡村建设。五是强化宅基地复耕复绿或生态恢复治理,增强生态空间治理与国土空间格局优化。六是将土地整治与区域性基础设施配套建设相结合,以改善人居环境。

政策意义。一是通过理论、法律、政策、制度等文献调研,为完善迁出区土地整治的相关法律及制度安排提出对策建议。二是通过实地调查研究,对陕甘宁易地扶贫迁出区荒芜土地的综合整治提出针对性强、操作性强的对策建议。三是为更好地协调解决陕甘宁易地扶贫迁出区土地整治与易地扶贫搬迁、生态空间治理、主体功能区建设、富民产业培育、城镇规划建设等问题,提供参考。

理论意义。一是有助于丰富和发展我国马克思主义空间政治经济学、生态学等学科以及土地整治理论、生态空间治理理论、可持续发展理论等。二是将土地整治与我国自然资源贫瘠、生态脆弱、灾害频发区域的易地扶贫搬迁联系起来,为中央高层扶贫决策与生态治理决策提供参考。

二、研究思路和内容安排

(一)基本思路

一是以党中央提出的"加大贫困地区土地整治支持力度"为政策依据,围绕脱贫目标、土地整治及生态文明建设目标,研究陕甘宁易地移民扶贫迁出区的土地整治问题。二是将土地整治与国家国土空间开发格局优化、主体功能区战略实施、农村土地制度改革、乡村振兴战略实施等结合起来统筹考虑。三是将土地整治模式与陕甘宁易地移民扶贫迁出区土地整治的实际工作结合起来。

(二)调查研究

本书开展研究的基本方式是调查研究,既包括实地调查,也包括文献调研,目的是了解实际做法和实践中存在的问题,也要了解相关制度安排及其存在的问题。其中,实地调查,强调对易地移民扶贫迁出区土地整治的典型地区、典型做法、典型模式进行实地调研;文献调研,包括相关理论、法律、政策、制度以及其他地区的成功经验;不论在实地调查中,还是文献调研中,始终强调问题导向,强调以问题为线索和指引,研究和提出解决对策。

为了做好调查研究工作,始终坚持以下要点。

一是科学确定考察主题。尽管本书主题是"易地移民扶贫迁出区土地整治问题",但这是一个综合性问题,需要分专题、从不同角度、在不同区域展开实地考察。为了提高考察活动的针对性、时效性,需要在每次考察之前明确考察主题。不同考察主题,意味着不同的考察方式。

二是分类选择考察方式。理论考察重点在于文献调研、观点梳理与述评；法律考察重点在于法律文件的阅读与梳理、比较与论证；制度考察重点在于现有制度的梳理比较、实践印证与现实需求分析；政策考察重点在于政策梳理与研究、实效评价等；区域考察重点在于实地考察、典型案例分析及系统综合考察；专题考察重点在于围绕专题主题，明确调研方向，深入挖掘，专题研究；经验考察重点在于其他典型地区典型经验或教训的实地考察、材料梳理与分析总结、提炼转化，以期获取经验与启示。具体的考察方式，一般包括田野调查法、问卷调查法、专家调查法等，要因时因地，围绕调研主题和样本区域特点，选择一种或多种方法综合使用，目的是透过现象看到问题本质，诊断出问题根源。

三是选择典型考察区域。围绕考察主题强调考察区域的典型性、代表性、针对性和有效性，要么在一个样本区域系统考察调研主题的方方面面和存在问题的来龙去脉，要么围绕单一主题开展不同区域的空间对比，弄清楚问题的纵向和横向差异，或者对同一问题在不同历史时期的纵向对比，弄清问题的前因后果，在对比之中探究问题本质。

四是深入分析调研材料。通过实地调查和问卷发放与收集，获取第一手的直观材料，通过细致深入的系统而专业的分析研究，将感性认识上升到理性认识，紧扣主题，系统探究问题的来龙去脉，更要对症下药，解决问题。特别是在对考察对象和收集素材的感性与理性分析的基础上，有针对性地提出对策建议，强调对策建议可行有效，因地制宜，因时制宜，实事求是，追求实效；同时，注重建议的可行性、可操作性及绩效性与可评估性。[1]

（三）技术路线

围绕"易地移民扶贫迁出区土地整治"的研究主题，按照"文献调研—社会调研—分析研判—咨询建议"的技术路线展开研究（见图1-1）。由于易地移民扶贫迁出区土地整治，是一项涉及法律、制度、政策、实践等多个方面的综

---

[1] 李含琳、滕海峰：《坚持科学调研》，《甘肃日报》2013年12月11日。

合性问题,也是一项国家政策推动下的惠民工程所涵盖、具有附带性质的问题,更是一个当前价值不突出而今后十分重要的问题,所以在开展研究的过程中,社会调研与文献调研并举、国家法律法规梳理与国家政策适应性分析同步、国家顶层设计与地方实践探索对照检视、陕甘宁具体实践与兄弟省区市典型经验横向对比,既分析了陕甘宁易地移民迁出区土地整治的实践做法、取得成效及存在的问题,也更加突出分析了国家法律、制度、政策在此过程中的相关顶层设计及存在的不足,从而为易地移民迁出区土地整治的相关法律体系、制度安排、政策体系进一步完善和优化提出咨询建议。

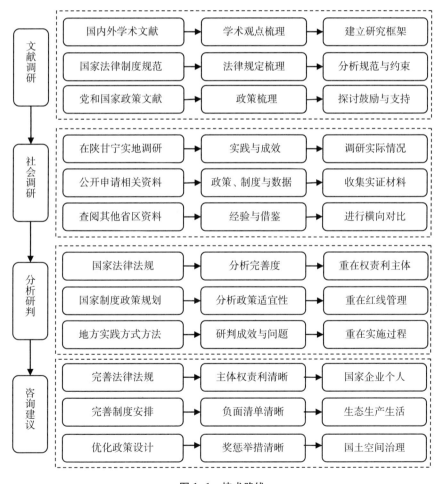

图 1-1 技术路线

(四)内容安排

本书在内容和结构上总共安排十章。

第一章为绪论,主要包括易地移民扶贫迁出区土地整治研究的宏观背景、国内外相关研究现状综述、国家政策依据、相关概念及研究区域界定、本书研究的目的意义以及结构安排等,重点解决"为什么"要开展本研究的问题。

第二章为陕甘宁易地移民扶贫迁出区空间界定与移民搬迁概况,主要包括全国易地移民扶贫迁出区空间分布、陕甘宁易地移民扶贫迁出区空间分布、陕甘宁易地移民扶贫迁出区经济社会发展概况、陕甘宁易地移民扶贫迁出区精准扶贫概况、陕甘宁易地移民扶贫概况等,重点解决研究区域是"什么地方"的问题。

第三章为陕甘宁易地移民扶贫迁出区土地整治的理论基础。易地移民迁出区土地整治问题,不是简单的实践操作问题,由于其涉及人地关系变化、自然资源产权调整、土地利用方式变化、政策制定与实施等一系列问题,因而需要对土地整治的问题属性、哲学基础、内在机理、理论依据、基本领域、研究视角等问题进行理论分析与阐释,目的是从理论层面上回答对迁出区土地整治"怎么看"的问题。

第四章为陕甘宁易地移民扶贫迁出区土地整治的法律依据。易地移民扶贫迁出区土地,作为因易地移民扶贫搬迁而产生的一类特殊性质的土地,有必要对其所有、占有和使用的相关制度进行法律上的考察和澄清。从践行"十分珍惜和合理利用土地、切实保护耕地"的基本国策的角度讲,更需要在法律体系中进一步厘清或者进一步完善,以解决迁出区土地整治"谁来办"的法律主体问题,有助于避免迁出区土地在权、责、利问题上的混乱。

第五章为陕甘宁易地移民扶贫迁出区土地整治的制度安排。关于易地移民扶贫迁出区土地整治没有相应专门的制度安排,但相关的制度较多,比如,土地用途管制制度、土地督察制度、自然资源资产产权制度、自然生态空间用途管制、生态补偿制度等。易地移民扶贫迁出区土地整治遵循哪些制度、专项制度中的哪些规定,以及不同迁出区对专项制度的实施方式等"怎么管"的问题,都需要进一步厘清和完善,对于进一步推进陕甘宁易地移民扶贫迁出区土地整治工作、进一步优化陕甘宁国土空间开发格局等具有重要意义。

第六章为陕甘宁易地移民扶贫迁出区土地整治的政策支持。易地移民扶贫搬迁是一项政策性的精准扶贫举措,迁出区土地整治是其中重要的一项政策性任务。总体来看,关于易地移民扶贫迁出区的土地整治,不论是国家层面,还是各省区市,都没有相关的专门政策,而是包含在空间开发、脱贫攻坚、易地扶贫、乡村振兴、土地整治等政策体系之中。因此,推进实施易地移民扶贫迁出区土地整治,需要从国家层面及各地的相关政策中,梳理相关政策,以便更好整合、高效利用政策,解决政策安排转化为治理效能的"怎么治"的问题。

第七章为陕甘宁易地移民扶贫迁出区土地整治的实证考察。易地移民扶贫迁出区土地整治是一项系统性、综合性、区域性都很强的工作。为了整体把握迁出区土地整治必要性、重点领域和推进路径,需要以典型区域为样本区域,系统考察迁出区土地整治的时代背景、区域自然条件和发展需求、精准扶贫基本情况、易地移民搬迁扶贫总体情况,在此基础上,再重点考察迁出区土地整治的空间区域类型、土地整治的方式方法、典型的土地整治项目及其成效等,从而既见"树木",又见"森林",综合把握迁出区土地整治的整体情况,解决好"区域总体如何统筹""怎么做"的问题。

第八章为陕甘宁易地移民扶贫迁出区土地整治的专题调研。易地移民扶贫迁出区土地整治是一项空间区域、战略目标、政策设计、路径选择等针对性均很强的具体工作,但该工作也与其他区域(如迁入区、城镇等)、他项工作(如产业发展、生态保护与建设、城镇建设、迁出区建设等)有着多种类型、或强或弱的经济、社会、生态联系。因此,需要从不同视角专题考察迁出区土地整治的相关问题,解决好"重点是什么、怎么抓"的问题。

第九章为易地移民扶贫迁出区土地整治的横向对比与经验借鉴。在实施易地移民扶贫搬迁的过程中,各地围绕搬迁对象认定、安置方式优选、建设内容与建设标准设定、补助标准确定、资金筹措渠道与方式创新、信贷资金筹措与运作、政策支持与保障等方面进行了因地制宜、因时制宜的创新与实践,其中,对迁出区土地的核查、整治、盘活、利用、保护等也是各地易地扶贫搬迁工作的重要组成部分,在实践探索中积累了多方面、多领域、多视角的经验,值得广泛考察、横向对比与经验总结,为陕甘宁进一步开展迁出区土地整治工作,提供有益启示,解决好"向谁学、学什么"的问题。

第十章为陕甘宁易地移民扶贫迁出区土地整治的对策建议。本书在进行了理论综述、样本调查、现状分析和问题探悉之后,目的是要提出解决问题的思路和对策。根据对陕甘宁地区,特别是这个区域的黄土高原地区农村实际情况的调查,在中长期内,特别是在"十四五"规划时期,要科学选择迁出区土地整治的战略和措施,既要理顺思路,更要坚持因地制宜的基本原则,分类指导整治工作,同时,需要在相关政策创新上做出突破性调整,有针对性地提出具有一定可行性的对策和建议,以解决好"如何改和如何优化"的问题。

章节体系	内容安排	关键问题	核心重点
第一章	绪论	为什么	研究目的与意义
第二章	区域界定	哪些地	空间分布与现状
第三章	理论基础	怎么看	研究视角和领域
第四章	法律依据	谁来办	土地权责利的法律规定
第五章	制度安排	怎么管	土地整治的制度安排
第六章	政策支持	怎么治	土地整治的政策设计
第七章	实证考察	怎么做	土地整治的区域实践
第八章	专题调研	抓什么	土地整治的重点问题
第九章	经验借鉴	向谁学	土地整治的横向借鉴
第十章	对策建议	如何改	土地整治的完善建议

图1-2　内容安排

第二章　陕甘宁易地移民扶贫迁出区域界定与移民搬迁概况

易地扶贫搬迁,是我国针对生活在"一方水土养育不了一方人"区域的贫困人口实施的专项扶贫工程。最早的易地扶贫搬迁,是从 1983 年开始的,作为全国第一个区域扶贫开发实验地的"三西"地区之一的宁夏回族自治区西海固地区,针对当地严重的贫困状况,探索出了"吊庄移民"模式,从此开了易地扶贫搬迁的先河。此后,扶贫搬迁就成了中国开发式扶贫的重要举措。陕甘宁三省区的条件恶劣地区,大多将易地扶贫搬迁当作精准扶贫、精准脱贫、稳定脱贫的根本之策。

一、全国易地移民扶贫迁出区的空间分布

根据《全国"十三五"易地扶贫搬迁规划》,截至 2015 年底,国家发展改革委共安排 363 亿元,已累计搬迁人口 680 万人。同时,一些地区也根据当地实际,统筹中央财政专项资金、生态移民、扶贫移民、避灾搬迁等资金实施了搬迁工程。根据国家统计局相关数据资料,在中央和地方的共同努力下,全国已累计有 1200 多万人实施了易地移民搬迁①。"十三五"时期,为有序安置搬迁移民,全国累计建成 3.5 万个集中安置区、266 多万套安置住房,乔迁新居的贫

---

① 国家发展改革委:《全国"十三五"易地扶贫搬迁规划》,http://www.cpad.gov.cn/art/2017/4/28/art_50_62482.html。

困搬迁移民 960 多万名,很好地解决了"十三五"时期近 1/5 贫困人口的稳定脱贫问题①。

从易地移民扶贫迁出区的空间分布上来看,"十三五"时期实施易地扶贫搬迁的区域主要是生存环境恶劣、自然条件严酷、发展条件严重短缺,并且建档立卡贫困人口比较集中的农村贫困地区。主要包括四类,分别为:一是边远高寒、深山石山、荒漠化和水土流失严重,而且当地光热、水土条件难以满足日常生活生存生产需要,基本不具备发展条件的地区。二是在《国家主体功能区规划》中被定位为禁止开发区或限制开发区的地区。三是水利、交通、通信、电力等基础设施,以及医疗卫生、教育等基本公共服务设施薄弱,工程措施解决起来难度大、建设与运行成本高的地区。四是地质灾害频发、地方病严重,以及其他确实需要进行易地搬迁扶贫的地区(但边境一线地区不纳入迁出范围)。从区域空间分布来看,西部地区的 12 个省(区、市)实施搬迁的建档立卡贫困人口占所有建档立卡搬迁群众总规模的 67.7%,中部地区 6 省的占 30.2%,东部地区 4 省的占 2.1%。另外,根据不同的区域政策类型区分,易地移民迁出区一般主要集中在国家扶贫开发的重点地区,其中,集中连片特殊困难地区县("集中特困区")和国家扶贫开发工作重点县("国扶贫困县")内需要搬迁的农村人口占 72%;省级扶贫开发工作重点县("省扶贫困县")内需要搬迁的农村人口占 12%;而其他地区占 16%。根据区域自然条件类型特点,易地移民迁出区一般与我国生态脆弱地区、地质灾害高发区和地方病多发区等地区高度重合,其中,资源承载力严重不足地区的搬迁人口占总搬迁人口的 28.4%;公共服务严重滞后且建设成本过高地区的搬迁人口占总搬迁人口的 36.4%;地质灾害频发易发地区的搬迁人口占总搬迁人口的 12.9%;国家禁止或限制开发地区的搬迁人口占总搬迁人口的 15.8%;地方病高发地区的搬迁

---

① 中国经济网:《"十三五"易地扶贫搬迁任务全面完成》,http://www.ce.cn/xwzx/gnsz/gdxw/202012/04/t20201204_36078067.shtml。

人口占总搬迁人口的 0.8%;其他地区的搬迁人口占总搬迁人口的 5.7%①。

二、陕甘宁易地移民扶贫迁出区空间分布

(一)陕西

根据《陕西省"十三五"易地扶贫搬迁工作实施方案》,陕西省易地移民扶贫迁出区主要分布在国家连片特困地区秦巴山区、吕梁山区、六盘山区和省级白于山区、黄河沿岸石山区及其他国家扶贫开发工作重点县。陕西省有 56 个国家扶贫开发工作重点县和国家集中连片特困地区县。其中西安市 1 个,为周至县;宝鸡市 5 个,分别为太白县、麟游县、陇县、千阳县、扶风县;咸阳市 4 个,分别为永寿县、长武县、旬邑县、淳化县;铜川市 3 个,分别为耀州区、印台区、宜君县;渭南市 5 个,分别为澄城县、合阳县、蒲城县、白水县、富平县;延安市 3 个,分别为延川县、延长县、宜川县;榆林市 8 个,分别为定边县、横山县、绥德县、米脂县、佳县、清涧县、吴堡县、子洲县;汉中市 10 个,分别为西乡县、洋县、勉县、略阳县、宁强县、留坝县、镇巴县、南郑县、佛坪县、城固县;安康市 10 个,分别为汉滨区、汉阴县、石泉县、宁陕县、紫阳县、岚皋县、镇坪县、旬阳县、白河县、平利县;商洛市 7 个,分别为商州区、柞水县、镇安县、山阳县、商南县、洛南县、丹凤县。

(二)甘肃

根据《甘肃省农村扶贫开发条例》(2012.5),甘肃农村扶贫开发工作的重点范围:一是国家确定的四省藏区、秦巴山片区、六盘山片区范围内的本省县(区、市)。二是国家确定的"两西"农业项目建设区的重点县(市、区)。三是

---

① 国家发展改革委:《全国"十三五"易地扶贫搬迁规划》,http://www.cpad.gov.cn/art/2017/4/28/art_50_62482.html。

由省人民政府确定的农村扶贫开发工作重点县(市、区)、重点乡(镇)以及重点村和连片特困片带。

根据《甘肃省"十三五"易地扶贫搬迁规划》，"十三五"时期，藏区搬迁4.29万人，秦巴山片区搬迁7.18万人，六盘山片区搬迁48.56万人，插花型贫困县搬迁12.41万人，其他确实需要实施易地扶贫搬迁的搬迁人口0.70万人。

从行政区分布上来看，"十三五"时期，甘肃省易地移民扶贫迁出区分布在全省12个市州，分别为陇南市(武都区、宕昌县、礼县、西和县、文县、康县、两当县、徽县、成县)、甘南州(临潭县、舟曲县、卓尼县、夏河县、合作市、迭部县、碌曲县、玛曲县)、临夏州(和政县、临夏县、永靖县、广河、康乐县、东乡县、积石山县)、定西市(安定区、通渭县、陇西县、渭源县、临洮县、漳县、岷县)、天水市(秦安县、秦州区、张家川县、麦积区、武山县、甘谷县、清水县)、庆阳市(环县、西峰区、庆城县、华池县、合水县、宁县、镇原县、正宁县)、平凉市(崆峒区、庄浪县、静宁县、泾川县、灵台县、崇信县、华亭县)、兰州市(榆中县、永登县、七里河区)、白银市(会宁县、靖远县、景泰县、平川区、白银区)、武威市(山丹县、民乐县、肃南县、甘州区、临泽县、高台县)、张掖市(山丹县、民乐县、肃南县、甘州区、临泽县、高台县)、金昌市(永昌县)等。

表2-1 甘肃省"十三五"时期易地扶贫搬迁人口的空间分布及其搬迁规模

(单位:万户、万人)

市(州)名称	规划搬迁规模					
	户数	人数	建档立卡贫困人口		同居住地同步搬迁的非建档立卡贫困人口	
			户数	人数	户数	人数
全 省	17.3916	73.1374	11.9613	50.0000	5.4303	23.1374
陇南市	1.7866	7.1834	1.3544	5.4912	0.4322	1.6922
甘南州	0.5380	2.5952	0.3444	1.4763	0.1936	1.1189

市(州)名称	规划搬迁规模					
	户数	人数	建档立卡贫困人口		同居住地同步搬迁的非建档立卡贫困人口	
			户数	人数	户数	人数
临夏州	1.8072	8.0767	1.6465	7.4800	0.1607	0.5967
定西市	1.9042	8.4159	1.5840	7.0700	0.3202	1.3459
天水市	2.5324	11.6846	1.1502	5.3200	1.3822	6.3646
庆阳市	2.2378	9.6053	1.6017	6.5936	0.6361	3.0117
平凉市	1.2261	4.9015	0.8608	3.4359	0.3653	1.4656
兰州市	0.4678	1.8693	0.1329	0.4753	0.3349	1.3940
白银市	2.6861	10.8030	1.4244	5.8830	1.2617	4.9200*
武威市	1.2123	4.8649	1.1124	4.4762	0.0999	0.3887
张掖市	0.9506	3.0003	0.7401	2.2664	0.2105	0.7339
金昌市	0.0425	0.1373	0.0095	0.0321	0.0330	0.1052

* 注:白银市同居住地同步搬迁非建档立卡人口 4.92 万人,不包括 2019—2020 年度实施的白银市中部生态移民供水工程搬迁群众 1.32 万人。

资料来源:《甘肃省人民政府办公厅关于印发〈甘肃省"十三五"易地扶贫搬迁规划〉的通知》(甘政办发〔2016〕116 号)。

(三)宁夏

根据《宁夏"十三五"易地扶贫搬迁规划》,宁夏易地移民扶贫迁出区主要分布在中南部地区西吉县、原州区、泾源县、隆德县、同心县、彭阳县、海原县、中宁县(徐套、喊叫水)、盐池县等 9 个县(区),均属于国家和自治区扶贫开发重点县(区)。综合考虑宁夏中南部地区各县(区)搬迁移民需求、资金筹措、新型工业化、城镇化以及各地水土资源条件对搬迁移民的安置能力等多方面因素,在"十三五"时期,宁夏规划对 82060 人 20549 户(其中包括非建档立卡人口 2056 人 569 户,建档立卡贫困人口 80004 人 19980 户)进行易地扶贫搬迁。

表2-2　宁夏"十三五"时期易地扶贫搬迁人口的空间分布及其规模

县（区）	规划搬迁总规模	
	人	户
合　计	82060	20549
原州区	14593	3519
西吉县	29542	6990
隆德县	1827	440
泾源县	3035	762
彭阳县	8646	2216
盐池县	1602	535
同心县	7468	1990
海原县	15183	4056
中宁县	164	41

资料来源:《自治区人民政府关于印发〈宁夏"十三五"易地扶贫搬迁规划〉的通知》(宁政发〔2016〕66号)。

三、陕甘宁易地移民扶贫迁出区经济社会发展概况

一般来讲,实施易地移民扶贫搬迁工程的易地移民扶贫迁出区,大多属于"一方水土养育不了一方人"的发展条件恶劣的地区,经济社会发展一般落后于同区域其他地区。

(一)陕西

陕西省56个国家扶贫开发工作重点县和国家集中连片特困地区县,大多实施了易地扶贫搬迁工程。搬迁移民通过易地搬迁实现空间迁移和发展条件质的改善,生产方式和生活方式有了根本性转变,就业方式与增收渠道多元化,极大地改善了搬迁移民的生产生活条件,相关县市区的经济社会发展也因此有了明显改善。

表 2-3　陕西省涉及易地扶贫搬迁工作地市的经济社会发展概况

（单位:元/人、%）

区域	2014 年				2019 年			
	人均生产总值		农村居民人均可支配收入		人均生产总值		农村居民人均可支配收入	
	绝对值	占全国比重	绝对值	占全国比重	绝对值	占全国比重	绝对值	占全国比重
全　国	46629	100.00	9892	100.00	70892	100.00	16021	100.00
陕西省	46929	100.64	7932	80.19	66649	94.01	12326	76.94
西安市	63794	136.81	14462	146.20	92256	130.14	14588	91.06
宝鸡市	43824	93.98	9421	95.24	59050	83.30	13094	81.73
咸阳市	42128	90.35	9612	97.17	50338	71.01	11918	74.39
铜川市	38550	82.67	9169	92.69	44794	63.19	10229	63.85
渭南市	26675	57.21	8534	86.27	34481	48.64	12775	79.74
延安市	62714	134.50	9779	98.86	73703	103.97	11876	74.13
榆林市	86482	185.47	9730	98.36	120908	170.55	13226	82.55
汉中市	29252	62.73	7933	80.20	45033	63.52	11098	69.27
安康市	26117	56.01	7468	75.50	44241	62.41	10475	65.38
商洛市	24484	52.51	7035	71.12	35181	49.63	10025	62.57

资料来源:根据 2020 年和 2015 年《陕西统计年鉴》相关数据整理制作。

（二）甘肃

2014 年,甘肃省实施易地移民搬迁扶贫的县(市、区)72 个,大部分县(市、区)通过实施易地扶贫搬迁工程,农村居民生活水平有了大幅度提升,但也有部分县(市、区)变化不明显,甚至有些降低。

表 2-4　甘肃省"十三五"时期易地移民扶贫迁出县(市、区)经济社会概况

（单位：元/人、%）

区域		2014 年				2019 年			
		人均生产总值		农村居民人均纯收入		人均生产总值		农村居民人均可支配收入	
		绝对值	占全国比重	绝对值	占全国比重	绝对值	占全国比重	绝对值	占全国比重
全　国		46629	100.00	9892	100.00	70892	100.00	16021	100.00
甘肃省		26433	56.69	5736	57.99	32995	46.54	9629	60.10
陇南市	陇南市	11214	24.05	4024	40.68	16868	23.79	7734	48.27
	武都区	15122	32.43	3836	38.78	23897	33.71	8083	50.45
	宕昌县	6982	14.97	3234	32.69	10626	14.99	7059	44.06
	礼　县	6326	13.57	3923	39.66	8811	12.43	7179	44.81
	西和县	6747	14.47	3668	37.08	8213	11.59	7205	44.97
	文　县	9924	21.28	3456	34.94	24516	34.58	7130	44.50
	康　县	9666	20.73	3730	37.71	12722	17.95	7240	45.19
	两当县	13497	28.95	3188	32.23	23063	32.53	7129	44.50
	徽　县	19772	42.40	5632	56.93	25410	35.84	9381	58.55
	成　县	18806	40.33	5529	55.89	26033	36.72	9304	58.07
甘南州	甘南州	17818	38.21	4589	46.39	30252	42.67	8437	52.66
	临潭县	12207	26.18	4177	42.23	17673	24.93	8040	50.18
	舟曲县	10608	22.75	4675	47.26	20926	29.52	8165	50.96
	卓尼县	13885	29.78	4168	42.14	26138	36.87	8272	51.63
	夏河县	15243	32.69	4637	46.88	24067	33.95	8454	52.77
	合作市	33730	72.34	4648	46.99	57873	81.64	8609	53.74
	迭部县	19288	41.36	4613	46.63	44933	63.38	8039	50.18
	碌曲县	25049	53.72	5524	55.84	35363	49.88	9959	62.16
	玛曲县	23292	49.95	5959	60.24	37267	52.57	10096	63.02

区域		2014 年				2019 年			
		人均生产总值		农村居民人均纯收入		人均生产总值		农村居民人均可支配收入	
		绝对值	占全国比重	绝对值	占全国比重	绝对值	占全国比重	绝对值	占全国比重
临夏州	临夏州	10166	21.80	4127	41.72	14697	20.73	7512	46.89
	和政县	7394	15.86	3873	39.15	13004	18.34	7122	44.45
	临夏县	9334	20.02	4157	42.02	12154	17.14	7891	49.25
	永靖县	19746	42.35	4119	41.64	27406	38.66	7445	46.47
	广河县	7399	15.87	4495	45.44	6972	9.83	8246	51.47
	康乐县	7626	16.35	4174	42.20	8481	11.96	7668	47.86
	东乡县	5102	10.94	3130	31.64	10664	15.04	5906	36.86
	积石山县	5772	12.38	3498	35.36	9688	13.67	6368	39.75
定西市	定西市	10470	22.45	4600	46.50	14746	20.80	8226	51.35
	安定区	15508	33.26	4621	46.71	24550	34.63	8556	53.40
	通渭县	8435	18.09	4342	43.89	12838	18.11	7410	46.25
	陇西县	12599	27.02	4989	50.43	15490	21.85	9099	56.79
	渭源县	8067	17.30	4535	45.85	11076	15.62	8208	51.23
	临洮县	11046	23.69	4920	49.74	14637	20.65	8646	53.97
	漳县	9618	20.63	4430	44.78	11873	16.75	7769	48.49
	岷县	6869	14.73	4351	43.99	10512	14.83	7750	48.37
天水市	天水市	15852	34.00	4982	50.36	18819	26.55	8439	52.67
	秦安县	9439	20.24	5042	50.97	13841	19.52	8562	53.44
	秦州区	24505	52.55	5482	55.42	29651	41.83	9757	60.90
	张家川县	8595	18.43	4273	43.20	9662	13.63	7633	47.64
	麦积区	26574	56.99	4965	50.19	28937	40.82	8427	52.60
	武山县	11114	23.83	4981	50.35	13508	19.05	8779	54.80
	甘谷县	9779	20.97	5043	50.98	12724	17.95	8447	52.72
	清水县	13496	28.94	4772	48.24	12452	17.56	7683	47.96

区域		2014 年				2019 年			
		人均生产总值		农村居民人均纯收入		人均生产总值		农村居民人均可支配收入	
		绝对值	占全国比重	绝对值	占全国比重	绝对值	占全国比重	绝对值	占全国比重
庆阳市	庆阳市	30087	64.52	5499	55.59	32690	46.11	9686	60.46
	环 县	26900	57.69	4782	48.34	36134	50.97	9280	57.92
	西峰区	45438	97.45	6799	68.73	63740	89.91	10884	67.94
	庆城县	39251	84.18	5440	54.99	28105	39.64	9369	58.48
	华池县	80829	173.34	5349	54.07	72062	101.65	9308	58.10
	合水县	37532	80.49	5257	53.14	37955	53.54	9528	59.47
	宁 县	16347	35.06	5467	55.27	13857	19.55	9636	60.15
	镇原县	15012	32.19	5062	51.17	18239	25.73	9423	58.82
	正宁县	13744	29.48	5841	59.05	12733	17.96	10550	65.85
平凉市	平凉市	16777	35.98	5395	54.54	21514	30.35	9083	56.69
	崆峒区	22703	48.69	6691	67.64	27728	39.11	11344	70.81
	庄浪县	9348	20.05	4597	46.47	16526	23.31	7397	46.17
	静宁县	9927	21.29	4748	48.00	16868	23.79	8331	52.00
	泾川县	16629	35.66	5480	55.40	13254	18.70	10484	65.44
	灵台县	16137	34.61	5403	54.62	16208	22.86	9077	56.66
	崇信县	27062	58.04	5471	55.31	37758	53.26	8721	54.43
	华亭县	25815	55.36	6177	62.44	32860	46.35	9780	61.04
兰州市	兰州市	54771	117.46	8067	81.55	75217	106.10	13605	84.92
	榆中县	21973	47.12	5558	56.19	34861	49.17	11505	71.81
	永登县	30461	65.33	6382	64.52	32125	45.32	11692	72.98
	七里河区	67646	145.07	12297	124.31	86932	122.63	20435	127.55

续表

区域		2014 年				2019 年			
		人均生产总值		农村居民人均纯收入		人均生产总值		农村居民人均可支配收入	
		绝对值	占全国比重	绝对值	占全国比重	绝对值	占全国比重	绝对值	占全国比重
白银市	白银市	26174	56.13	5777	58.40	27990	39.48	9927	61.96
	会宁县	10621	22.78	4501	45.50	13157	18.56	8200	51.18
	靖远县	13953	29.92	6213	62.81	15097	21.30	10495	65.51
	景泰县	24382	52.29	6748	68.22	24704	34.85	11720	73.15
	平川区	38744	83.09	6162	62.29	35431	49.98	10685	66.69
	白银区	66077	141.71	9490	95.94	71876	101.39	15691	97.94
武威市	武威市	22526	48.31	7834	79.20	26744	37.72	12566	78.43
	古浪县	10298	22.08	4507	45.56	14464	20.40	7561	47.19
	天祝县	25077	53.78	5050	51.05	25409	35.84	8265	51.59
	凉州区	25805	55.34	9404	95.07	30953	43.66	15381	96.01
	民勤县	26715	57.29	8875	89.72	29811	42.05	14414	89.97
张掖市	张掖市	29852	64.02	9489	95.93	36314	51.22	14944	93.28
	山丹县	25631	54.97	9306	94.08	33896	47.81	14463	90.28
	民乐县	19886	42.65	8106	81.95	25919	36.56	12825	80.05
	肃南县	87879	188.46	11972	121.03	75691	106.77	18518	115.59
	甘州区	28915	62.01	10021	101.30	37267	52.57	15720	98.12
	临泽县	34974	75.00	10088	101.98	39543	55.78	15932	99.44
	高台县	34802	74.64	9537	96.41	39291	55.42	15066	94.04
金昌市	金昌市	54565	117.02	9900	100.08	73437	103.59	15719	98.11
	永昌县	27574	59.13	9457	95.60	33950	47.89	14602	91.14

注:该表主要反映甘肃省"十三五"时期建档立卡搬迁人口迁出县(市、区)2014 年和 2019 年人均国内
　　生产总值和人均可支配收入情况。

资料来源:根据 2020 年和 2015 年《甘肃发展年鉴》相关数据整理制作。

（三）宁夏

"十三五"时期,宁夏实施易地移民扶贫搬迁工程的县(市、区)有9个,通过实施移民搬迁工程,大多县(市、区)在人均生产总值和农村居民人均可支配收入方面都有了明显提升。比如,农村居民人均可支配收入,2014年,没有一个县(市、区)超过全国平均水平;2019年,超过全国平均水平的有3个,分别为原州区、盐池县、中宁县。

表2-5　宁夏"十三五"时期易地移民扶贫迁出区经济社会概况

（单位:元/人、%）

区域		2014 年				2019 年			
		人均生产总值		农村居民人均可支配收入		人均生产总值		农村居民人均可支配收入	
		绝对值	占全国比重	绝对值	占全国比重	绝对值	占全国比重	绝对值	占全国比重
全　国		46629	100.00	9892	100.00	70892	100.00	16021	100.00
宁　夏		41838	89.73	8410	85.02	54217	76.48	24412	152.38
固原市	固原市	16268	34.89	6395	64.65	25886	36.51	15323	95.64
	原州区	20655	44.30	6693	67.66	31659	44.66	18827	117.51
	西吉县	12849	27.56	6222	62.90	19594	27.64	13218	82.50
	隆德县	11880	25.48	6199	62.67	20158	28.43	13417	83.75
	泾源县	11817	25.34	5805	58.68	19893	28.06	13420	83.77
	彭阳县	19028	40.81	6530	66.01	32176	45.39	13919	86.88
吴忠市	吴忠市	28741	61.64	8442	85.34	40889	57.68	19165	119.62
	盐池县	37808	81.08	6975	70.51	66513	93.82	19220	119.97
	同心县	13665	29.31	6123	61.90	27174	38.33	13707	85.56
中卫市	中卫市	26354	56.52	7403	74.84	37358	52.70	16904	105.51
	海原县	9669	20.74	5765	58.28	18810	26.53	12188	76.08
	中宁县	36301	77.85	8819	89.15	48532	68.46	19168	119.64

资料来源:根据 2020 年和 2015 年《宁夏统计年鉴》相关数据整理制作。

四、陕甘宁易地移民扶贫概况

(一)陕西

2011年5月6日,正式启动实施的陕南移民搬迁工程,被誉为新中国历史上"搬迁之最",也是一项连续几届陕西省委、省政府有计划、有组织开展的一项重大发展工程、民生工程和生态工程,取得了经济、社会、生态多方面的显著成效。

"十三五"以来,陕西省继续实施易地扶贫搬迁工作,始终坚守搬迁初衷,严守政策底线,取得了决定性发展成效。截至2021年1月7日,陕西全省"十三五"易地扶贫搬迁安置项目建设全面完成,共建成了2116个集中安置点,84.36万搬迁群众、24.93万户全部搬迁入住,旧宅腾退复垦任务全部完成,并在全国率先启动安置房不动产登记工作,目前已登记发证10.4万户[1]。

在易地搬迁工作部署安排上,陕西省以易地扶贫搬迁为政策依托和实施载体,统筹推进扶贫搬迁、生态搬迁与避灾搬迁等同步进行;通过人、地、钱、房、业有机对接实现精准搬迁,通过培育致富产业、促进稳定就业、拓宽就业渠道、精准搬迁方式等搬迁方式创新,在安置区建设与管理、就业服务体系建设等方面精准施策,既极大地调动了搬迁移民的积极性,也实现了搬迁移民"搬得出、稳得住、能致富"的发展预期与政策目标。为了有序推进易地扶贫搬迁工作,陕西省委省政府先后出台了《陕西省"十三五"易地扶贫搬迁规划》《陕西省国土资源厅、陕西省住房和城乡建设厅关于陕南地区移民搬迁安置房与保障性住房结合有关问题的通知》等一系列政策性文件,较好构筑了陕西推进易地扶贫搬迁工作政策体系的"四梁八柱"。"十三五"时期陕西省除完成主要针对建档立卡贫困户的易地扶贫搬迁任务外,还实施同步搬迁15.91万

---

[1]　http://www.sn.xinhuanet.com/2021-01/12/c_1126972134.htm.

户 53.87 万人。

在推动落实上,陕西省实行"三份协议一次签、三项规划一体编、三类建设协调推、三项措施配套跟、三方力量同发力"的"五个三"工作法;开展"三问三解三促进"工作,其中,"三问"即"问需、问计及问效","三解"即"解民忧、解民疑及解民困","三促进"即"促人岗对接、促服务跟进与促实际入住",科学引导多类型搬迁群众进城入镇住小区。全省通过建设集中安置区集中安置的搬迁移民 22.6 万户 76.6 万人,其中在城镇安置的搬迁移民 16.8 万户 60.7 万人,使得集中安置率与城镇安置率分别达到了 90.8% 和 72%。

在布局协同上,陕西省将搬迁群众作为生产力主要因素向街区、园区、景区和城镇、集镇、中心村庄等安置区域迁移,通过共享共用减少重复建设,同时把产业就业脱贫项目、基础设施和公共资源配套优先向安置社区倾斜;在迁出地维护好搬迁群众的土地承包经营权、集体收益分配权和各类国家补贴等既有权益,在迁入地做好搬迁群众子女教育、合作医疗、养老保险、创业就业培训、住房确权登记等工作;对安置社区垃圾处理等提前布局,同步推动旧宅腾退地区生态修复恢复。

(二)甘肃

1. 甘肃省减贫概况

甘肃省位于内蒙古高原、黄土高原和青藏高原三大高原和青藏高寒区、西北干旱区、东部季风区的三大自然气候区域的交汇地带,山脉纵横交错,地形复杂,海拔相差悬殊,沙漠、戈壁、盆地、平川和高山兼而有之。年均降水量 300 毫米左右,气候干燥,气象灾害多发且危害严重。因为自然、社会等因素,甘肃是全国贫困面积大、贫困人口多、贫困程度深的典型省份。一直以来,甘肃始终致力于加快贫困地区脱贫致富奔小康的工作。特别是在党的十八大以来,在党中央各项政策支持和社会各界大力帮助下,甘肃脱贫攻坚任务取得了历史性成就。2012—2020 年,甘肃实现了 592.2 万贫困人口脱贫。

2. 易地移民扶贫搬迁历程与成就

易地移民扶贫搬迁是甘肃扶贫开发、精准扶贫、精准脱贫的重要举措,自 2001 年国家开始实施易地搬迁以来,甘肃省易地扶贫搬迁工作大体可分为两个阶段。

第一阶段,2001 年至 2015 年试点并进入全面实施阶段。2001 年,甘肃开始在武威、陇南、庆阳、平凉等市开展易地扶贫搬迁试点;从 2004 年开始,在 13 个市州及所属贫困县区全面实施易地扶贫搬迁工程,人均补助标准从 3000 元左右逐步增加到 8000 元(中央预算内资金 6000 元,省财政配套资金 2000 元)。这一阶段,搬迁对象不分贫困户和非贫困户。据统计,2001 年—2015 年,全省累计搬迁贫困人口 22.4 万户 111.6 万人①。

第二阶段,"十三五"新一轮易地扶贫搬迁阶段。2015 年 11 月 29 日,经国务院批准,国家发展改革委、国土资源部、财政部等五部委印发的《"十三五"时期易地扶贫搬迁工作方案》,对新时期易地扶贫搬迁工作做出了系统安排。2015 年 12 月 1 日,国务院专题召开全国易地扶贫搬迁工作的电视电话会议,由此拉开了新时期新阶段易地搬迁扶贫工作的序幕。为将中央决策部署转化为具体行动方案,有序推进全省易地扶贫搬迁工作,2016 年 8 月,甘肃省发展改革委结合全省实际,报请省委省政府印发并实施《甘肃省"十三五"易地扶贫搬迁规划》《关于加快推进"十三五"时期易地扶贫搬迁工作的意见》等"1+4"工作方案,计划到 2020 年完成全省 50 万建档立卡贫困人口的易地扶贫搬迁任务,其中 2016 年下达搬迁任务 16.1 万人,2017 年下达搬迁任务 16 万人,2018 年下达搬迁任务 17.9 万人。截至 2019 年底,安置住房已竣工,群众基本实现搬迁入住。同时,按照尽量实现自然村整体搬迁的原则,同步搬迁非建档立卡群众 13.1 万人。

3. 区域分类及迁入区建设

因地制宜选择合适的搬迁方式和安置区域,是易地扶贫搬迁工作中的关

---

①　本调查所使用的情况和各种数据,都是依据甘肃省、庆阳市及其主管部门提出的资料整理所得,属于第一手资料。并且,这些资料和情况都得到了当地政府的共识和认可。

键性问题。甘肃省在易地移民迁入区与安置区的选址上,坚持因地制宜,做到"四避开",即避开洪涝灾害威胁区、地质灾害易发区、生态保护区以及永久基本农田,同时做到"四靠近",即靠近城镇、中心村、园区和景区,同时鼓励搬迁移民进城入镇,并将易地扶贫搬迁与美丽乡村建设、新型城镇化、农村人居环境改善等工作结合起来,引导群众逐步向城镇、安置区、新农村有序搬迁,实现分阶段、分类型、分梯次转移。"十三五"时期,集中安置点基础设施、公共服务设施相继配套,大幅改善了贫困地区生产生活条件,促进了城乡公共服务均等化水平提升。

以武威为代表的河西地区。按照"兴水移民、下山入川、产业带动"的思路,在先期实施古浪生态移民黄花滩水利骨干工程、天祝县南阳山片生态移民小康供水工程等重点水利工程的基础上,充分利用国有农林场和新开发整理土地,规划建设了一批规模较大的易地扶贫搬迁集中安置区,将农牧民群众从高深山区和生态功能区分批次搬迁到水川区域和交通沿线集镇,其中古浪县黄花滩建成 13 个集中安置点,安置群众达到 6.24 万人,同步配套建设水、路、气、电、网等基础设施和卫生、教育、文化等公共服务设施,一揽子解决搬迁群众吃水、行路、上学、就医等问题,原来的山更绿了,现在的川更美了,也更繁荣了,搬出了秀美山川,建起了幸福家园。

以定西、天水为代表的中部半干旱区。按照"农户集中安置、基础集中建设、产业集中配套"的原则,以易地扶贫搬迁项目为载体和依托,通过要素对接、区域统筹、资源整合实现联动实施,有效推进"新农村、美丽乡村、小城镇"三位一体协同建设,实现人口集中居住,有效放大基础设施的集约效应、公共服务的组合效应和社会化服务的规模效应,有效解决群众吃水难、行路难、上学难、就医难等突出问题。

以陇南市为代表的秦巴山片区。针对山大沟深、建设用地紧缺、人地矛盾突出的实际,充分尊重群众意愿,采取集中安置和插花安置相结合的方式,努力使符合条件、有意愿的贫困群众应搬尽搬。为破解用地难题,陇南市各县区优先安排易地扶贫搬迁建设用地,在市县财力非常紧张的情况下,千方百计筹措建设资金 2 亿元,征用土地 0.85 万亩,有力保障了易地扶贫搬迁项目建设进度。武都区坪垭藏族乡 1236 户 5731 人,从山顶上整乡搬迁至角弓镇的川坝地区,按照民族风格集中安置,通过务工、扶贫车间就业和发展特色旅游等方式解决后续帮扶和社区融入,彻底改变了藏族群众的生产生活条件,既实现了挪穷窝、换穷业、拔穷根的目标,也留住了传统,留住了乡愁。

以临夏州广河县为代表的民族地区。将交通不便、上学路途远、脱贫成本高的山区群众集中安置到人口承载容量大、就业务工机会多、生产要素集中的县城、小城镇和经济开发区,通过扶贫车间、设施农业等方式帮助搬迁群众实现就地就近就业,特别是帮助妇女走上工作岗位,拓宽视野,增长见识,有效阻断了贫困代际传递。2016—2018 年,广河县实施易地搬迁 2820 户 14828 人。其中,2016 年搬迁 772 户 3520 人,分别在城关镇大杨家、三甲集镇康家三期进行安置;2017 年搬迁 559 户 2927 人;2018 年搬迁 1489 户 8381 人。

(三)宁夏

从 20 世纪 80 年代开始,宁夏先后总共实施六次大规模的易地扶贫搬迁或生态移民,从中南部地区向引黄灌区、有条件的引水灌区累计搬迁 123 万人,占全区总人口的 17.8%。

宁夏在实施易地扶贫搬迁过程中不断完善政策。在高起点编制规划、成体系配套政策的同时,自治区组织第三方机构对搬迁成效和政策执行进行跟踪评估,对不完善的政策及时调整,对执行走样的政策及时纠偏,对执行不到位的政策督促落实。

宁夏还不断强化易地扶贫搬迁要素保障。截至 2020 年 10 月,宁夏累计投资 205 亿元,先后建设了固海扬水、宁夏扶贫扬黄灌溉等饮水工程,兴建中小型水库 200 座,在全区总的引水指标内,通过水权转化、农业节水等措施,每年向西海固地区引水约 5 亿立方米;结合当地实际情况,累计开发土地 197 万余亩;整合各类资金累计投入 249.73 亿元。

因地制宜发展产业、推进就业是最重要的易地扶贫搬迁后续扶持措施。

截至 2020 年 10 月,宁夏为搬迁群众建成设施温棚和养殖圈棚 6.1 万座,带动发展枸杞、酿酒葡萄、黄花菜等特色产业 88.7 万亩,养殖牛羊 216.3 万头(只),带动搬迁群众户均增收 1400 元;约 25.9 万搬迁群众外出务工,年人均可支配收入达到 2 万元左右;建成扶贫车间 198 个,吸纳就业近 1 万人;一批搬迁群众自主创业,从事运输、餐饮等多种经营。

第三章　陕甘宁易地移民扶贫迁出区
土地整治的理论基础

易地移民迁出区土地整治问题,不是简单的实践操作问题,由于其涉及人地关系变化、自然资源产权调整、土地利用方式变化、政策制定与实施等一系列问题,因而需要对土地整治的问题属性、哲学基础、内在机理、理论依据、基本领域、研究视角等问题进行理论分析与阐释,目的是从理论层面上回答对土地整治"怎么看"的问题。

一、问 题 属 性

随着经济发展整体水平的提升,在党和国家政策的大力推动、社会各界积极帮扶与支持下,生活在"一方水土养育不了一方人"的地区的贫困群众进行了空间迁移与易地安置,从根本上改变了生产生活的自然环境、发展条件与社会环境,最大程度地体现了"以人民为中心"的发展思想,"把社会公平正义的核心价值观理念镌刻在祖国大地上"(胡潇,2018)①,具有十分重要的政治意义与社会价值。在此过程中,伴随性地产生了易地移民扶贫迁出区土地的权属优化、利用方式变化、利益调整等问题,从盘活自然资源、保护生态环境的目的出发,需要对这部分土地进行整治。

---

① 胡潇:《空间正义的唯物史观叙事——基于马克思恩格斯的思想》,《中国社会科学》2018 年第 10 期。

(一)隶属于国土空间开发范畴

从迁出区搬迁前的土地利用类型来看,主要有耕地、林地、草地等农用地,也有宅基地、集体经营性建设用地、道路、公共服务设施用地等建设用地,还涵盖没有开发使用的荒山、荒沟、荒滩等。这些土地,在搬迁之前,在特定的历史条件和经济技术发展阶段下,是当地居民重要生产生活用地,维系和支撑着当地居民的基本温饱与生存所需。但在易地搬迁之后,这部分土地功能定位将因时因地发生极大变化。对这些土地进行整治,是在特定区位、特定条件、特殊环境下的土地整治,其核心与本质是国土空间开发问题,具有系统性、整体性、综合性强的特征。

一是系统性,是指迁出区的土地整治不仅仅是指自然空间中的一地一域,还内含了其隶属于自然生态系统、国民经济体系的特征,毕竟迁出区不能脱离自然界而独立存在,也避免不了人类生产生活的介入与利用;前者是一种直观的客观存在,后者体现了"自然的历史与历史的自然"的统一,这就需要系统地而不是独立地看待迁出区的土地整治问题。因而需要将迁出区的土地整治工作纳入全国国土空间格局优化、国家土地整治工作的范畴系统考虑。

二是整体性,是指需要从迁出区的生态、社会、经济等多个方面整体把握迁出区土地整治的价值评估、权属调整、土地开发、生态修复等问题。

三是综合性,是指迁出区的土地整治不是单纯的土地问题,而是包括当地居民易地搬迁、迁出区与迁入区空间链接、土地的规模化整治与规模化使用、土地的生态修复及其生态功能、国家土地制度改革、土地政策优化等在内的综合性问题。

(二)具有人类生产实践活动的本质

土地开发与整治,本质上是人类生产实践在特定时间、具体空间的生产实践活动。"生产实践作为一种空间实践,它从生产力与生产关系的两个方面赋予自然空间形态以社会属性,……同时它又使生产活动受到空间格局及其变构运动的制约,使生产关系的建构和变迁有了地理学的致因与色彩。"(胡潇,2014)①易地移民扶贫迁出区土地整治,本质上仍是人类对特定空间的生产实践活动,其实践主体、实践目标、实践方式相对易地搬迁之前发生了很大变化。

一是实践主体变化。在实施易地扶贫搬迁之前,迁出区土地的开发和生产实践主体是隶属于不同村集体经济组织的农民,搬迁之后,这些农民部分或者全部搬离原居住地,迁出区的所有权主体或者生产经营主体将发生更替。这是伴随易地搬迁不可避免要发生的变化,也是在法律制定、制度设计、政策完善等方面必须要面对的现实问题,不能在所有权和使用权上含糊其词。总体而言,迁出区土地可能保持集体所有权不变,也可能调整为全民所有,这需要在法律上进一步上厘清和明确;土地整治和实践主体,其主导主体理应是地方政府及其相关职能部门,具体实践主体是合作社、家庭农场、企业等社会市场主体。

二是实践目标变化。在实施易地扶贫搬迁之前,迁出区土地开发和生产实践的基本方式是传统农业生产,直接目的是生产物质财富,建设生产生活家园;搬迁之后,迁出区功能和实践目标由原来的生产空间、生活空间更多地转向生态空间和生产空间,主要生产和提供生态产品、农产品。

三是实践方式变化。伴随功能变化,迁出区土地开发与生产实践的具体方式发生了重大变化,不再是毁林毁草开荒,增加耕地面积,提高土地农业生产规模,而是重点转向生态修复和生态恢复,通过建筑物、构筑物拆除,建设用地复垦复绿等方式,加强生态建设和生态保护;或者通过土地整治、高标准农田建设和规模化、现代化经营,进行现代农业生产,提高农业生产方式与迁出区自然环境条件之间的适配性和土地产出效率。

---

①　胡潇:《生产关系的地理学叙事——当代唯物史观空间解释的张力》,《广东社会科学》2014 年第 6 期。

二、哲 学 基 础

（一）生态哲学

生态哲学是人类社会发展与文明进程中在遇到能源约束和环境危机等问题的时候产生的，它也为易地移民扶贫迁出区土地整治提供了一种新思维方式、观察视野及人地关系和道德伦理观。以此为基础，在迁出区土地整治中，应当突出强调以下内容和要求。一是贫困或落后村庄、移民迁出区及其赖以生存与发展的自然环境与条件之间的内在联系与相互关系，充分认识光热、气候、水土资源条件对于迁出区土地整治的方向、方式、方法的制约性，从与自然一体的角度统筹规划和开展土地整治工作；二是充分认识自然环境的生态价值，超越人们以前把自然对象、非人类的生命体当作是人类的"资源"和"工具"的局限性认知，肯定了所有生物物种与自然物具有内在的、长远的、固有的价值，由此既可正确认知人在自然界中的生态地位，同样也可更为深刻地体察到自然界、自然环境、自然条件对于人类自身健康持续发展的至关重要性（王正平，2008）①；三是迁出区土地整治，应尊重人类社会文明演进规律和国土空间开发规律，将优化区域空间开发格局作为人类实现人与自然协同协调发展的落脚点和作用方式，因为"只有在这种把社会生活中的孤立事实作为历史发展的环节并把它们归结为一个总体的情况下，对事实的认识才能成为对现实的认识"。（卢卡奇，1967）②

易地移民扶贫迁出区土地整治是一个系统性复杂工程，需要将生态哲学理念与原则转化为土地整治的具体路径与实践举措，应当科学运用和遵循生态学方法论（王兴为，2006）③，体现为 4 个需要坚持的"原则"。（1）坚持协同

---

① 王正平：《生态文明的哲学基础》，《解放军日报》2008 年 4 月 4 日。
② 卢卡奇：《历史与阶级意识》，杜章智、任立、燕宏远译，商务印书馆 1999 年版。
③ 王兴为：《生态城市的哲学思考》，武汉理工大学出版社 2006 年版。

原则。即将协同发展理论引入迁出区土地整治,需要对迁出区已有土地利用类型、方式、方法及其利用成效和产生的问题,进行系统评价和综合研究,科学分析、综合研判、快速解决迁出区土地利用中存在的现实问题。迁出区土地整治是在同一个土地空间中,不同的发展水平和发展阶段,不同目标导向下土地开发与整治的生产实践活动,是在不断的发展变化中寻求相对的动态平衡,是在协同发展中,追求社会—经济—社会三者之间的协同,其根本是人与自然的协同发展。(2)开放性原则。迁出区土地整治是一个与迁入区建设、周边城镇建设及生态治理紧密联系的系统性工程,既与迁入区、城镇建设等存在建设用地指标跨区域调剂的具体联系,也与更大区域范围内的生态环境进行着复杂的能量、物质、水的交流与联系,使得迁出区能够融入整个生态系统和区域经济社会系统之中。(3)坚持整体优化的原则。迁出区土地整治的目的,是要实现迁出区土地与整个生态系统、社会发展要素与自然资源要素、局部与整体、当前与长远之间的协同共生,以确保迁出区土地的合理有序整治。(4)坚持层次性原则。在迁出区土地整治过程中,要充分考虑迁出区的区域性特点、自然环境条件、土地整治潜力、生态价值等因素,因地制宜、因时制宜,做到宜农则农、宜林则林、宜草则草。

(二)唯物辩证法

"人类的生存空间是动态的,……人生一世作为空间事物,是移动和静止的统一。在移动中人们给不同栖居空间以作用,并接受它们的空间规定性。"(胡潇,2018)[①]对于这种空间规定性和变化,需要运用马克思主义辩证法去分析和理解。

马克思主义辩证法,即我们通常所说的"唯物辩证法",是以人类社会及其思维方式、自然界运动规律作为研究对象,是自然辩证法发展的高级形态,也是马克思主义哲学的重要有机组成部分。从内容构成和学术体系上来看,

---

① 胡潇:《空间正义的唯物史观叙事——基于马克思恩格斯的思想》,《中国社会科学》2018 年第 10 期。

马克思主义辩证法的核心内容和基本规律包括：事物的普遍的有机联系的规律、事物自己运动发展的规律、质和量互相转变的规律、对立统一的规律和否定之否定的规律等①。认真学习和准确把握这些客观规律，对于理解国土空间开发相关概念和理论、开展迁出区土地调查和土地整治工作，都具有重要意义。

一是准确把握"事物的普遍的有机联系的规律"，即世界上每一事物，都和周围的事物有机地联系着，都有一定的周围事物作为它的原因和条件，它也就是由于一定的原因才能出现，就是由于在这些条件之下才有它存在的意义。该规律告诉我们，在研究事物的时候，首先必须认识与这个事物联系着的原因和条件。研究不同条件和社会背景下的国土空间开发行为，就需要从人类文明演进与国土空间开发协同推进的过程中，全面理解国土空间开发与所在区域自然环境、历史传统、风俗习惯、发展水平等存在的广泛而普遍的联系，从而避免"只见树木不见森林"。研究迁出区土地利用与空间开发的相关问题，既要调查和研究一地一域当前的土地利用方式，也要与全社会发展总体水平、人与自然关系发展变化、当地居民文化素质提升等有机联系起来，充分考虑，开展相关性研究。

二是准确把握"事物自己运动发展的规律"，即把事物的发展变化看作事物自己的运动发展，同时也要注意事物发展的原因和条件。该规律告诉我们，运用辩证法的方法，是要把事物当作自己运动的东西来研究，这有助于理解人类开发土地资源的"自身运动"的客观规律性，也有助于从纷繁复杂的现象中分析国土开发的原因和条件，找到影响国土开发的关键因素、本质力量、约束因素等，从而为促进人地关系协调、提高国土开发的效率与效益提供依据。同一国土空间，小麦不会长成参天大树，参天大树也不会长成小麦，它们只会按其自身的成长规律在特定的环境下相应成长；但在同一空间，不同发展水平和不同的目标导向下，人类会根据需求和现实可行性选择小麦或者参天大树，源

---

① 艾思奇：《大众哲学》，人民出版社 2016 年版，第 7 页。

于人类自身生存与发展的内在机理决定的。

三是准确把握"质和量的互相转变的规律",即量变和质变是一切事物变化的两种基本形式,并且量变和质变又密切联系,量变是质变的准备,而质量的互相转变,并不是循环,而是低级到高级、简单到复杂的向上发展过程。该规律告诉我们,要研究事物在发展中必然要经过质的根本改变,才能向前进步。人类认识自然的过程充满艰难、艰辛与曲折,国土空间开发本身也是经历了毁林开荒、农业发展、工业建设到追求人与自然和谐共生的不同历史时期。当毁林开荒以增加耕地还不足以破坏生态的时候,毁林开荒是增加生产资料、提高农业生产力的有效途径,但毁林开荒的规模积累到一定程度时,该"量变"就会产生"质变",引起生态环境的恶化。迁出区土地,在较低水平的农业生产和社会活动的作用与影响下,在漫长的历史时期,产生的副作用较少;但在现代化的进程中,新型农业机械、现代化农业、工业化建设等社会生产活动日渐增多,对于大多属于生态敏感区的迁出区而言,产生的副作用不容小觑,所以"质变"之前,通过空间转移,将迁出区日益增强的高强度城镇化建设和工业化建设行为转移至城镇化区域,有助于实现城镇化区域的空间集聚与质量提升。

四是准确把握"对立统一的规律",即世界上任何事物,都包含着互相反对的许多对立方面,要求我们在研究事物时,要看到它的各个对立面,也就是正面和反面、过去和将来、生长的方面和没落的方面,相应地,任何事物的发展,都要通过自己内部对立面的冲突和斗争,暴露内部矛盾,从而解决内部矛盾。该规律告诉我们,开展国土空间开发和迁出区土地整治的相关研究,就是要分析迁出区土地保护与土地整治开发的现实矛盾,并找到解决矛盾的方法;同时也要注意矛盾的具体性、特殊性,也要区分主要矛盾和次要问题的关系问题,特别是在研究分析矛盾或问题的影响因素时,要运用多种统计、分析模型,分析影响因素的影响方向、影响程度、影响条件等,依次区分主要矛盾和次要矛盾、矛盾的主要方面和次要方面。

五是准确把握"否定之否定的规律",即在一定的情形和一定的条件下,经过"否定"再"否定"的过程,事物不再是原封原样原来的事物,不是简单的循环,而是走向更高级的阶段。该规律告诉我们,在研究问题的时候要注意事物发展的曲折性,特别是在开展迁出区土地属性、土地用途、整治方向等相关研究的时候,本身就是对未知领域的探索,存在很多的不确定性,既有可能是对原有研究结论和使用方式的进一步验证与优化,也有可能是对原有研究结论和传统认知的否定,在确保客观研究的情况下,科学对待每一类空间的每一次开发使用,对每一个研究结论或者实践结果都有必要进行认真分析和研究。对于前者,大家心理上容易接受,但对后者,也要坦然面对,完全有可能在不一样的现象、不一样的结果中蕴含着新的科学发现。

(三)山水林田湖草沙是生命共同体

山水林田湖草沙是一个生命共同体。"山水林田湖草等生态系统各要素,既有各自内在的结构、功能和变化规律,又与其他要素相互耦合、相互影响。治山、治水、治林、治田、治湖、治草任何一个环节的动作,都会影响到其他环节,乃至影响生态系统全局。"(鄂竟平,2020)①

一是山水林田湖草沙是一个生命共同体的思想告诉我们,推进易地移民迁出区土地调查与土地整治,不能单纯地就土地而论土地,而要将其放在整个生态系统中来考虑,需要将迁出区的土地整治纳入国土空间开发格局优化的整体范畴综合考虑和安排,将其作为生态系统整体保护和修复、生态系统质量和稳定性提升、土地资源价值评估与挖掘、生态产品生产与提供的重要举措和现实任务。

二是山水林田湖草沙是一个生命共同体的思想告诉我们,易地移民迁出区的土地价值不仅仅是一地一域的"土地"价值,需要从更为广阔的研究视野、更为系统的有机联系、更为长远的发展导向,才能更为全面、更为充分地评估迁出区土地价值,更为适宜和有效地推进迁出区土地价值转化。

---

① 鄂竟平:《提升生态系统质量和稳定性(深入学习贯彻党的十九届五中全会精神)》,《人民日报》2021年1月8日。

迁出区尽管自然条件恶劣,不适宜人类生存。但在实施移民搬迁工程以前,生活在此的居民,"靠山吃山、靠水吃水",尽管相对同时期的其他区域居民,他们的生活水平低下,但通过劳动创造了历史。这是不容置疑的事实。所以,在特定历史时期和发展水平下,迁出区是人们赖以生存和发展的生产生活空间,在这样的空间功能下,其价值是能够创造相应的农业产品与居住空间。相应地,实施移民搬迁工程之后,迁出区的价值是什么?有多大?是一个需要反思和解决的现实问题。不能简单地以定性的方式描述迁出区的价值,对其进行生态价值、农业价值、工业价值、旅游价值等类型的划分与描述,更要有具体的方法、手段定量计算迁出区的不同价值及其综合价值。

三、内 在 机 理

易地移民扶贫迁出区土地开发与整治,是迁出区土地作为生产资料,人类在新的生产力发展水平下、遵循新的发展理念、运用新的生产工具、以生产和提供新的产品为导向的人类生产实践过程。迁出区土地作为生产资料的属性,在易地搬迁工程实施前后发生了很大变化,搬迁前主要作为农业生产、居住生活场所而承担相应的功能,搬迁后原有的功能将主要由生态功能和部分的农业生产功能所代替。这种土地功能上的转变,既是"以人民为中心"的发展思想指导下国家相关政策推动的结果,更是社会生产力发展水平整体提升的结果,从而导致了迁出区生产关系和生产力的转变,即生产方式的转变——迁出区土地资料所有或者使用主体、使用方式、产品分配等将发生伴随性转变。

所以,看待易地移民扶贫迁出区土地整治,其内在机理仍要从马克思的生产力与生产关系的辩证统一中去理解。对于一个区域的土地空间而言,其所承担的功能,既与本区域所处的位置有很大关系,这是客观前提条件,更与该区域的生产力水平有很大关系。

当迁出区处于生产力水平低下、生产组织涣散、生产技术落后,对土地的开发是一种落后低效的方式,仅能满足基本生存和温饱。生产生活环境对人们的肉体发育发展具有直接的影响作用,也直接制约着人们的土地利用方式。

当迁出区人口搬迁之后,迁出区土地由国家或者合作社、企业等市场主体占有或使用后,将形成"国家资本或社会资本—土地—劳动力"新的"三位一体"的开发或整治模式,将从国家或社会整体利益出发,遵循新的理念和发展导向,寻求经济、社会、生态综合效益的最大化。国家以国家资本的形式参与迁出区生态修复、生态治理,增强迁出区生态产品生产能力,其成果由全国人民乃至世界各国人民共享。

四、分 析 维 度

基于迁出区土地整治工作范畴和问题本质的特征,需要在总体思路上把握好空间、规模、产业、时间四个维度,多维度、多角度、多层次、多范畴研究迁出区土地调查与整治问题,更为全面、更为准确地研究和分析迁出区土地整治问题,更好推进相关工作。

(一)空间维度

从空间维度看,包括自然环境和人造环境,其中自然环境,即生态,决定一定范围国土空间所能容纳的人口规模和产业规模;而人造环境则是以往国土开发行为的结果,也为今后国土开发奠定了相应的基础。

从空间类型上看,主要依据主体功能区规划来确定。主体功能规划按照开发方式将国土空间分为优先开发区域、重点开发区域、限制开发区域和禁止开发区域;按照开发内容将国土空间划分为城镇化区域、农业生产区域、重点生态保护区域以及禁止开发区域。相应地,每一类型国土空间的开发方式和评判标准不一样。城镇化区域讲究集约高效,提高经济发展效率和空间利用效率;农业生产空间讲究农业生产效率和农业的可持续发展,关系国家粮食安全问题;对于重点生态功能区而言,开发是次要的,关键是保护并提供相应的生态产品,但容许与生态功能相容的开发内容、开发方式和开发强度。禁止开发区域,顾名思义,就是严格保护,高强度的工业化和城镇化建设是被禁止的。(滕海峰、李含琳,2016)[1]

相对应地,易地移民迁出区往往与生态敏感区、生态功能区、禁止开发区等在空间范围上高度重合(李含琳,2018)[2],从而在空间类型与主体功能上,一般不适宜进行高强度的工业化建设和高强度的城镇化建设,从而需要将原来生活在迁出区的居民群众搬离,以调整土地利用方式,增强迁出区的生态功能。

(二)规模维度

从规模维度思考国土开发格局优化问题,就是要考虑在什么样的国土空间类型决定着多大规模的环境容量,在环境容量一定的前提条件下选择开发什么或怎么开发,才能使得经济、生态和社会综合效益最佳。同时,要注重运用底线思维和动态思维。其中,底线思维是依据特定国土空间类型确定的环境容量,从而确定最佳的人口规模和最大的废水、废气、废渣排放阈值。动态思维关注的是产业形态与产值规模。在同一个国土空间,不同时期会有不同的优势产业形态,从而产值规模也不一样。需要特别注意的是,在环境容量一定的情况下,通过创新发展模式,不断优化发展方式、提高生态经济效率,实现产值的最大化。

相对应地,迁出区土地自然承载能力弱,物质产品的生产潜力有限。但辩证来看,物质产品生产具有很强的物质转换与价值转移的特性,其生产规模受限于特定的自然环境条件;但非物质产品的生产,包括文艺创作、民俗体验、音乐欣赏等文化价值的创作,与自然承载力关系不明显,但与自然环境、文化环

---

① 滕海峰、李含琳:《甘肃省优化国土空间开发格局的思路与对策》,《甘肃理论学刊》2016年第5期。

② 李含琳:《甘肃省生态敏感区与深度贫困高度耦合问题探讨》,《甘肃农业》2018年第1期。

境、历史传统等有很大关系。所以,环境容量所制约的物质产品生产规模和废弃物排放规模是确定的,是有规模阈值的;但与创新有关的价值创造,则是无限的。

从生态产品生产与提供的角度看,迁出区土地在生物多样性保护、水土流失防治、生态系统保护等方面,具有很大的生态价值。迁出区土地整治,就是要通过人工干预,实施相应的生态工程,厚植生态潜力和生态价值。

(三)产业维度

从产业的维度思考国土开发问题,就是要思考什么样的国土空间(环境容量是一定的)发展什么样的产业和怎么发展的问题。一个区域的主导产业是该区域的发展方向,特色产业发展决定一个区域的发展优势。主导产业与特色产业融合发展的影响因素主要有5个方面。一是资源禀赋条件。无论是有形的矿产资源、能源资源,还是无形的社会传统、文化氛围、技术创新等,都是区域赖以发展和持续发展的源泉,尤其是无形的社会传统,更是潜移默化地影响着人们的行为。而且,资源禀赋条件是随着时间演进而动态变化的。二是区位优势条件(也是动态变化的)。三是产业协作。通过产业协作,延长产业链条,提高能源、资源的利用效率,也能提高单位产品附加值。四是现代农业。从一般规律来讲,城镇化使得农业人口减少、农业用地面积减少,但更多的非农业人口对食物消费的数量和质量都在提升,这就要求相对更少的务农人口在更少的耕地上,生产出数量更多、质量更高、品种更全的农产品。这本身就要求转变以往的农业生产方式,促进农业生产的规模化、信息化、科技化。五是文化产业。文化产业的优点在于资源能源消耗少,价值创造空间大。从保护环境、提高产值的视角看,文化产业尤为重要,既能保护传统文化、历史遗迹,还能发挥历史文化资源的价值。

相应地,易地移民迁出区产业发展形态和发展方式,是与迁出区的土地功能相联系的。如果是以生态功能为主体,则土地开发方式是以生态保护和生态产品生产与提供为主,经济往来主要是以国家投资和区域生态补偿为主要形式;如果迁出区是以农业生产为主体功能,则土地整治与开发方式是以高标准农田建设和现代农业发展为主要形式,其根本是土地资本化、产品市场化和市场全球化。

(四)时间维度

从时间维度思考国土开发问题,就是要思考同一个国土空间在不同的历史发展阶段如何开发的问题。一是由于不同的发展水平和经济技术条件下,人们的基本追求和对空间的认知不同,开发方式也就不同。对处于追求温饱阶段的人们而言,开垦土地、种植粮食、解决吃饭问题是头等大事,关键是探索提高土地的产出效率的问题。随着经济社会发展和对自然空间功能的进一步认知,强调因地制宜与主体功能,就需要反思一直以来的、传统的生产生活方式与自然空间主体功能之间的匹配性问题。二是随着时间的推移,交通区位条件的改善,如道路基础设施的建设,会直接改变一个区域与外界市场的链接方式及其便利度,从而也会改变同一个空间的开发类型、开发方式与开发强度。三是随着时间的推移,资源环境禀赋条件也会发生变化,比如,跨区域调水工程、输电工程、土壤改良等重大工程的实施,也会改变同一个空间的开发方式与经济社会发展方式。

五、重点问题

易地移民扶贫迁出区土地整治中需要关注和解决的问题很多,其中最为关键、最为急迫的主要有迁出区土地整治"谁来办"的法律规定问题、"怎么管"的制度安排问题、"怎么治"的政策奖惩问题、"怎么做"的陕甘宁具体实践问题和"向谁学"的其他地区经验借鉴问题。

(一)迁出区土地权利的法律规定

迁出区在实施移民搬迁工程以前,属于各类土地(除法律规定属于国家所有之外)属于村集体所有,实施家庭联产承包责任制,耕地等农用地由家庭承包、分散经营。宅基地属集体所有,农户家庭使用。但迁出区在实施移民搬迁工程之后大多变为无人区,迁出区的耕地、林地、宅基地等土地的类型认定、权属划分等,在国家法律文件、政策体系中大多没有明确的规定。只是在一些省区市的易地移民搬迁实施方案中,有不同的表述,比如,《陕西省农村扶贫开发条例》(2012年3月)明确规定,"移民搬迁在过渡期内,享受政策性补贴;过渡期满后,原土地、山林在承包期内的,经营权不变。"但在甘肃、宁夏两省区的相关政策中,鲜有对迁出区土地的归属进行明确规定的。这种情况下,由于迁出区权利归属不明确,"谁来整治"将是一个很现实的问题,不利于后期开展土地整治相关工作。所以说,对于易地移民迁出区的耕地、宅基地等,在搬迁之前属于集体所有,村民承包使用,搬迁之后,归谁所有、由谁使用、谁来保护、谁来整治、谁来管理等"谁来办"的问题,需要在法律体系规定中进一步厘清,有助于避免迁出区土地在权责利问题上产生混乱。

(二)迁出区土地整治的制度安排

迁出区属于"一方水土养育不了一方人"、条件恶劣的区域,对于这类区域如何进行功能定位是进行土地整治的前提。只有科学分析、综合研判迁出区的功能与发展定位,才能依此选择相适宜的土地整治方向与整治手段。但要做好功能定位,需要将迁出区放在全国乃至全球的生态系统保护与空间开发格局中,分析迁出区的功能与定位。因为迁出区不仅仅是一地一域的土地空间,更是更大生态系统的一部分。陕甘宁易地移民迁出区,在空间上属于黄土高原的重要组成部分,也是以散状分布为特点涵盖在黄河流域的范围之中,从而直接涉及的国家生态保护战略有黄河流域生态保护与高质量发展、国家主体功能区中的黄土高原丘陵沟壑生态功能区建设等。所以,迁出区土地整治不是简单的房屋拆除与复垦复绿,要从国家战略、人与自然协调共生角度出发,全方位、高层次、谋长远来分析迁出区的功能定位。因此,在迁出区土地整治的过程中,需要从国家层面对迁出区主体功能进行明确,并进行制度设计和安排,列出负面清单,才能有助于各地因地制宜、因时制宜推进土地整治工作,从制度层面解决"怎么管"的问题。

(三)迁出区土地整治的政策设计

迁出区土地整治是易地移民扶贫搬迁中的一项重要工作任务,但关于易地移民扶贫迁出区的土地整治,不论是国家层面,还是各省区市,大都没有相关的专门政策,而是包含在空间开发、脱贫攻坚、易地扶贫、乡村振兴、土地整治等政策体系之中。因此,推进实施易地移民扶贫迁出区土地整治,需要从国家层面及各地的相关政策中,梳理相关政策,以便更好整合和高效利用政策;另一方面,通过梳理政策及其政策实施,为更好完善政策提供咨询建议。

(四)迁出区土地整治的实践探索

在国家和各省区市的易地移民扶贫搬迁政策和规划中,对于迁出区土地的整治开发、生态修复都有相应的要求,尽管要求是原则性、总体性、指向性的,各地按照政策安排和考核要求,对易地移民扶贫迁出区土地进行了多种多样、因地制宜的整治开发或生态修复。总体情况是,迁出区在实施移民搬迁工程之后,大多变为无人区,原有农业用地、宅基地、集体建设用地等,在客观事实上要更改用途。陕甘宁立足于西北地区、黄土高原的地域特色,正视水土流失、生物多样性保护等现实问题,在易地移民扶贫迁出区土地整治中,结合迁出区的功能定位,遵循"宜农则农、宜林则林、宜草则草"的原则,进行了积极实践与有益探索,取得了突出成效,但也由于时间短、任务重、工作新的特点,目前还存在一些不足,需要再回过头来梳理陕甘宁在迁出区土地整治中的主要举措、典型项目、主要成效、存在问题及其原因等,从而解决陕甘宁"怎么做"的问题,以便为其他省区市提供经验借鉴。

(五)迁出区土地整治的经验借鉴

在实施易地移民扶贫搬迁的过程中,各地围绕搬迁对象认定、安置方式优选、建设内容与建设标准设定、补助标准确定、资金筹措渠道与方式创新、信贷资金筹措与运作、政策支持与保障等方面进行了因地制宜、因时制宜的创新与实践,其中,对迁出区土地的核查、整治、盘活、利用、保护等也是各地易地扶贫搬迁工作的重要组成部分,在实践探索中积累了多方面、多领域、多视角的经验,值得广泛考察与经验总结,为陕甘宁进一步更好开展易地移民扶贫迁出区土地整治工作,提供有益启示。为了更好总结经验、提炼模式、分析问题,需要对典型地区、典型经验、突出成效进行专题调研和综合分析,以便为陕甘宁易地移民扶贫迁出区土地整治提供实践考察与经验借鉴,解决"向谁学"的问题。

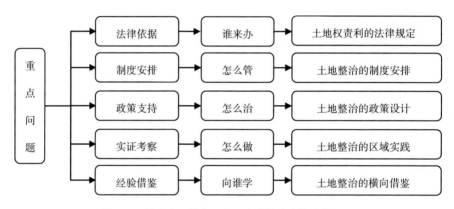

图3-1 易地移民扶贫迁出区土地整治中的重点问题

第四章　陕甘宁易地移民扶贫迁出区 土地整治的法律依据

人类生存和发展是以土地为物质基础和空间载体的,包括林地、耕地、草地、养殖水面、农田水利用地、城乡住宅和公共设施用地、工矿用地、交通水利设施用地、旅游用地、军事设施用地等,具有有限性、不可替代性、永久性、不可移动性等基本特征。《中华人民共和国宪法》(2018)和《中华人民共和国土地管理法》(2019)明确,我国土地制度实行社会主义公有制,即劳动群众所有制和全民所有制。

易地移民扶贫迁出区土地,作为因易地移民扶贫搬迁而产生的一类特殊性质的土地,有必要对其所有、占有和使用的相关制度进行法律上的考察和澄清。就一般情况而言,易地移民扶贫迁出区是原有居民生产、生活的基本区域,大多是农村地区,实行农村劳动群众集体所有,实行家庭联产承包责任制,农村居民对其中的耕地、林地等农用地进行家庭承包和经营。但在实施易地移民扶贫搬迁之后,迁出区土地还归农村集体所有吗? 这些土地归谁所有、由谁使用、谁来保护、谁来整治、谁来管理等一系列问题,从践行"十分珍惜和合理利用土地、切实保护耕地"的基本国策的角度讲,更需要在法律体系中进一步厘清或者完善,以解决迁出区土地整治"谁来办"的法律主体问题,有助于避免迁出区土地在权、责、利问题上的混乱。

一、问题提出

根据《全国"十三五"易地扶贫搬迁规划》,国家政策对迁出区土地利用的方向和类型主要包括两类。

一是通过土地整治的方式,对迁出区宅基地、村庄道路、生产设施用地等建设用地,以及腾退、零散废弃的土地进行整治复垦,对于适宜耕作的土地要优先用于补充耕地资源,其主要工程举措和项目类别有高标准农田建设和土地整理等方式,其目标是增加耕地数量和确保耕地质量。但没有说清楚的是,通过工程措施整理达标的高标准农田,其所有权是全民所有还是集体所有?承包权和使用权归谁所有?尽可能保障搬迁对象农业生产的基本土地等生产资料,是在迁出区保障还是在迁入区保障?如果是在迁出区保障,那这部分居民就没有搬迁的必要性。如果是在迁入区保障,那迁出区通过工程整理获得的土地,就与搬迁移民没有直接的关系。既然没有,这部分土地又归谁所有?这是一个需要在政策、法律、制度上进一步完善的现实问题。

二是结合国家新一轮退耕还林还草的总体部署,对于迁出区 25 度以上坡耕地实施退耕,其主要举措是因地制宜,对不同地区的迁出区采取不同的土地整治与生态恢复方式,主要有退牧还草或还林、农牧交错带已垦草原治理、小流域治理、水土保持、石漠化治理、自然保护区建设等工程和自然措施,其核心目标是对生态环境进行保护性修复,其实施途径是与退耕还林还草、生态环境保护、国土空间整治等规划与政策进行衔接。但这里没有说清楚的是,实施生态恢复的这部分土地的所有制性质是什么?是全民所有还是集体所有?推动生态修复的实施主体是谁?由于这些问题不够清晰,从而模糊了推进生态恢复工程的责任主体与享受生态产品、经济产品的权利主体。尽管目前由地方政府在推进实施,但这方面权利与责任界限不清晰,亟须解决"谁来办"的问题。

因此,不论是以耕地建设为导向的土地整治,还是以生态保护为导向的土地整治,都有必要从法律的角度厘清或者解决"谁来办"的主体及其责、权、利的问题。

二、文　献　梳　理

海晓明(2015)①基于固原市原州区生态移民迁出区生态修复治理基本情况、存在问题的实地调研,分析了原州区建立的以林业为主导的生态修复治理模式,有效将毗邻国有林场的生态移民迁出区划归国有林场管理,并通过在单独较大生态移民迁出区建立国有林场的方法,加大生态移民迁出区管理,走出了生态移民迁出区林业全面治理的路子,成为宁夏生态移民迁出区治理最完善、管护最科学、修复最有效的先进典型,为自治区制定生态移民迁出区生态修复意见提供了参考。同时基于现状和问题,提出了思考建议,其中关于权属的建议是"解决移民迁出区国有土地权属问题。目前,原州区已经完成了乡镇、村组和林业部门就生态移民迁出区土地界桩的划定登记工作,建议借助国土部门国有土地确权政策,依据自治区相关政策,将生态移民迁出区生态修复区国有土地转换为国有林地属性"。

一般意义上,易地移民扶贫搬迁在建设阶段的主要目标是"搬得出、稳得住、能致富",其工作重点在于统筹"人"与"地"的关系,实现"一进一退",其中,"进",指的是迁入安置区,"退",就是有序退出原有旧房和宅基地。在搬迁移民迁出之后,政策要求和通常做法是推进宅基地复垦和旧房拆除,并与增减挂钩拆旧复垦相结合,结余指标流转交易收益用于易地扶贫搬迁贷款偿还(涂圣伟,2020)②和迁出区建设。但在具体实施过程中,由于搬迁移民在搬迁过程中对迁入区生产生活具有逐渐适应的过程,再加上在迁入区增收渠道有限、原有生产方式惯性依赖的原因,一些搬迁移民尽管已经"空间迁移"并已在迁入区安置居住,但在交通条件、经济可行的情况,仍然对原有土地进行耕

---

① 海晓明:《固原市原州区生态移民迁出区生态修复治理存在的问题和建议》,《农民致富之友》2015 年第 22 期。

② 涂圣伟:《易地扶贫搬迁后续扶持的政策导向与战略重点》,《改革》2020 年第 9 期。

种,农活繁忙季节也会在原有住宅居住,存在"两头跑"的现象(冯伟林、李聪, 2020)①。但如果将其老宅一拆了之,或者直接收回原有耕地,尽早断其"后路"以及割断与迁出区的经济社会联系,就又可能引发矛盾冲突(涂圣伟, 2020)②。这也是一些地方在推进易地移民扶贫搬迁过程中的弹性做法,也是对搬迁移民留有过渡期的原因。对于这样的客观现实情况,需要反思其法理上的合理性。因为《土地管理法》(2019)第六十二条规定,农村村民一户只能拥有一处宅基地,其宅基地的面积不得超过省、自治区、直辖市规定的标准。所以,这种"两头跑"的现象,是否就是法律规定——"一户一宅"的要求应当杜绝的现象,还不应该一概而论,因为搬迁方式、安置方式不同,情况有所不同,法律适用性应当不同。耕地情况,跟宅基地情况一样,是否要收回或者退出,要视情况而定。

三、国家法律考察

土地是民生之本,发展之基,关系到广大人民群众的切身利益。在现有法律体系中,对易地移民扶贫迁出区土地的所有权、使用权、经营权,有相应的规定和要求,但由于易地移民扶贫搬迁类型多样、情况复杂,还存在法律规定尚未涉及和覆盖的领域,需要进一步厘清现实情况、分析问题属性,完善相关法律体系。

(一)关于迁出区土地所有权

《中华人民共和国宪法》(2018)第十条明确,"农村和城市郊区的土地,除由法律规定属于国家所有的以外,属于集体所有;宅基地和自留地、自留山,也属于集体所有。"对于易地移民迁出区的、原属于集体的耕地、林地、宅基地

---

① 冯伟林、李聪:《易地扶贫搬迁农户生计恢复策略选择的影响因素研究——基于陕西安康的农户调查》,《云南民族大学学报(哲学社会科学版)》2020 年第 2 期。
② 涂圣伟:《易地扶贫搬迁后续扶持的政策导向与战略重点》,《改革》2020 年第 9 期。

等,还属于集体所有吗? 这需要分情况对待。

1. 成建制地集体迁移后并不再使用的土地归国家所有

《中华人民共和国土地管理法》(2019)第九条明确规定,"城市市区土地属于国家所有。农村和城市郊区的土地,除由法律规定属于国家所有的以外,属于农民集体所有;宅基地和自留山,属于农民集体所有。"第十一条明确规定,"农民集体所有的土地依法属于村农民集体所有的,由村民集体经济组织或者村民委员会经营、管理;已经分别属于村内两个以上农村集体经济组织的农民集体所有的,由村内各该农村集体经济组织或者村民小组经营、管理;已经属于乡(镇)农民集体所有的,由乡(镇)农村集体经济组织经营、管理。"

从直接的法律表述来看,并没有明确规定易地移民扶贫迁出区土地法律意义上的归属。进一步考察,根据《中华人民共和国土地管理法实施条例》(2014)第二条明确规定,全民所有即国家所有的土地包括:一是城市市区的土地;二是农村和城市郊区中已经依法没收、征收、收购为国有的土地;三是国家依法征收的土地;四是依法不属于集体所有的草地、林地、滩涂、荒地及其他土地;五是农村集体经济组织全部成员转为城镇居民的,原属于其成员集体所有的土地;六是因国家组织移民、自然灾害等原因,农民成建制地集体迁移后不再使用的原属于迁移农民集体所有的土地。

因此,根据《宪法》《土地管理法》和《土地管理法实施条例》可以明确,实施移民搬迁之前,迁出区土地是村集体所有、由村民承包经营;移民搬迁之后,只有在满足一定条件的迁出区土地由集体所有转变为国家所有。这一点在法律规定表述中是明确、清晰的。也就是说,易地移民扶贫迁出区土地由集体所有转变为国家所有,需要满足四个条件:一是迁出区土地原属于农民集体所有,即搬迁移民是农民,迁出区是农村,迁出区土地实行农民集体所有制和土地承包经营制度,不是国家所有而依法由农民集体使用的土地;二是由国家组织实施的移民或者因为自然灾害等因素而进行的移民搬迁,也就是说不是农民自发、自主进行的搬迁;三是成建制地集体搬迁,即整村搬迁、整乡搬迁等;四是搬迁之后原有土地不再使用。满足这四个条件的搬迁,一般是跨行政区、长距离、大规模、成建制、整体性地易地移民搬迁,这类搬迁迁出区土地由原村民集体所有转变为国家所有。"十三五"时期,全国自然村整体搬迁计划565万人,占搬迁总人口的34.7%。

由于村集体成建制地整体实施搬迁,并且不再使用原属于搬迁移民集体所有的土地,所有权主体发生伴随性变更,将由集体所有转变为国家所有;而发生所有权变更的土地,包括易地移民扶贫迁出区内所有土地,既包括原来除由法律规定属于国家所有的土地,也包括原来属于迁移农民集体所有的土地,即农民集体所有的耕地、林地、草地等农用地、宅基地在内的农村集体建设用地等,还包括自留地、自留山等土地。

2. 其他搬迁形式的迁出区土地归集体所有

尽管现有国家法律并没有明确规定,分散搬迁的迁出区土地是属于集体所有还是国家所有,并没有直接的明确规定。比较接近的相关规定是《确定土地所有权和使用权的若干规定》,其第十三条明确规定,"国家建设对农民集体全部进行移民安置并调剂土地后,迁移农民集体原有土地转为国家所有。但移民后原集体仍继续使用的集体所有土地,国家未进行征用的,其所有权不变。"这个文件规定可以应用和引申到分散搬迁而形成的易地移民扶贫迁出区,可以明确这类迁出区土地所有权不变,即由集体所有。理由如下:一是分散搬迁,意味着迁出区还有原来集体的其他成员在生产生活。二是原有耕地、宅基地还有继续使用的条件和可能性。三是原有集体组织并未搬迁。

也就是说,分散搬迁迁出区土地以及成建制地集体迁移但仍在使用的土地,由集体所有,所有权不变化。

表 4-1 易地移民扶贫迁出区土地所有权

搬迁类型	土地所有权		适用法律
	搬迁前	搬迁后	
自然村整村搬迁	农民集体所有	国家所有	《土地管理法实施条例》(2014)第二条,"全民所有即国家所有的土地包括:⋯⋯(6)因国家组织移民、自然灾害等原因,农民成建制地集体迁移后不再使用的原属于迁移农民集体所有的土地。"
零散部分搬迁	农民集体所有	农民集体所有	《确定土地所有权和使用权的若干规定》[(1995)国土(籍)字第26号]第十三条明确规定,"国家建设对农民集体全部进行移民安置并调剂土地后,迁移农民集体原有土地转为国家所有。但移民后原集体仍继续使用的集体所有土地,国家未进行征用的,其所有权不变。"

(二)迁出区土地使用权

由于易地移民扶贫搬迁,迁出区土地所有权和使用权将发生变更,也要进行相应的所有权和使用权变更登记。这是一项任务量、工作量十分庞大,但又必要的工作。但其前提是,需要明确迁出区土地的使用权问题。

《中华人民共和国土地管理法》(2019)第十条明确,"国有土地和农民集体所有的土地,可以依法确定给单位或者个人使用。使用土地的单位和个人,有保护、管理和合理利用土地的义务。"本条是关于土地使用权的规定,体现了土地的所有权和使用权相分离的基本原则。易地移民迁出区土地由谁占有和使用,也要依据迁出区的不同类型来分类分析。

1.国家所有的易地移民迁出区

国家所有的易地移民迁出区土地,在法律上转变为国家所有,就与搬迁移民、原农民集体没有直接关系,更没有权属关系。这部分土地由谁占有和使用? 在法理上应当按照国家所有土地的相关规定来执行。《土地管理法》(2019)第二条明确规定,"全民所有,即国家所有土地的所有权由国务院代表国家行使。"国家所有的易地移民迁出区土地,根据法律规定,可以依法确定给单位或者个人使用。其方式主要有:一是土地划拨,即土地使用者只需按照一定程序提出申请,经法定机关批准即可取得土地使用权,无须向土地所有者交付租金及其他费用;二是土地使用权出让。

2. 集体所有的易地移民迁出区

对于集体所有的易地移民迁出区土地,根据法律逻辑,集体土地由集体成员占有和使用。根据《土地承包法》(2018)第三条,"国家实行农村土地承包经营制度。农村土地承包采取农村集体经济组织内部的家庭承包方式,不宜采取家庭承包方式的荒山、荒沟、荒丘、荒滩等农村土地,可以采取招标、拍卖、公开协商的方式承包。"这表明,集体所有的易地移民迁出区土地由本集体成员承包经营,其中不宜采取承包方式的"四荒地"(指荒地、荒坡、荒山、荒滩),可以采取公开招标、拍卖和公开协商的方式承包。三是承包的农村土地对集体经济组织的每一个成员而言是人人有份的,这主要是指耕地、林地和草地,但不限于耕地、林地、草地和对于本集体经济组织的成员应当人人有份的农村土地,应当实行家庭承包方式①。

易地移民扶贫迁出区土地由农民集体所有、由集体经济组织成员承包经营,这在法理和逻辑上都是合理的。但是进一步探讨,该集体是否包含搬迁移民?搬迁移民是否还享有原集体经济组织成员的相应权利?现有法律体系中,并没有对此有明确规定。

对于这种情况,需要分类讨论。

一是政府组织搬迁移民,在行政村内就近安置,由于搬迁距离较近且仍在同一行政村内,继续耕种土地可能性较大,主要是对以宅基地为主的生活空间进行整理、整治,但以耕地为主的生产空间大多保持原状,因为在同一行政村内再开发新的耕地或者全村范围内调整土地的可能性都不大。

二是政府组织搬迁移民,通过建设移民新村安置,一般是在周边县、乡镇或行政村规划建设移民新村集中安置,依托新开垦或调整使用耕地,突出了"跨行政区"和重新分配土地的特点,根据"一户一宅"的要求,搬迁移民将隶属新的行政区和新的农民集体,不再享有原有集体成员的相关权利,包括宅基

① 《中华人民共和国农村土地承包法》(实用版),中国法制出版社 2019 年版。

地、农用地。宅基地如果不复垦，可以为同集体其他成员使用，而减少对宅基地的占有。这种情况，就不是现有政策中所要求的"占新拆旧"，而是"占新交旧"，即将原宅基地交回、承包地交回原集体，由集体其他成员来使用。

三是政府组织搬迁移民，在小城镇或工业园区安置，一般是在县城、小城镇或工业园区附近建设安置区集中安置，通常是非农就业、城镇生活，是一种相对彻底的搬迁，由农村居民转为城镇居民。这类搬迁移民，是否具有对原有土地的承包经营权呢？《土地承包法》第二十七条明确规定，"国家保护进城农民的土地承包经营权。不得以退出土地承包经营权作为进城落户的条件。""承包期内，承包农户进城落户的，引导支持其按照资源有偿原则依法在本集体经济组织内转让土地承包经营权或者将承包地交回发包方，也可以鼓励其流转土地承包经营权。"这个条款，是否适用于政府组织的易地扶贫搬迁移民呢？如果搬迁移民纳入城镇社区服务管理和低保范围，是否还享有原集体成员的相关权利呢？

四是自发进行的搬迁移民，进城务工、买房居住，但户口仍在农村集体，不属于宅基地、承包地需要调整变更的对象。这种情况，就是《土地承包法》第二十七条明确规定的。

（三）迁出区土地使用方向

易地移民扶贫搬迁，是一项涉及面十分广泛的工程，导致土地所有者和使用者发生变迁，必然会导致土地使用方式、使用类型、使用目标、使用结果等发生伴随性变化。相应地，需要在国家法律规定方面进一步厘清和完善。

1. 国家所有的易地移民迁出区

国家所有的易地移民迁出区土地，原来一部分为集体所有、农民占有和使用的宅基地，一部分是集体所有、农民承包经营的耕地、林地、草地等农用地，还有一部分集体所有但未承包经营的荒山、荒滩、荒沟、荒丘等"四荒地"。这些土地变为国家所有之后，其土地性质与使用方向、使用类型是否要发生变化，需要从国家法律角度予以厘清和规定。

国家所有的易地移民迁出区,突出特点是移民之后将变为无人区,对于原有的宅基地等建设用地该怎么处置?原有的耕地、林地、草地等农用地又该如何处置?是放任自流、自然恢复还是人工干预进行生态修复或者开发使用?这些情况都需要分类讨论。

根据《全国"十三五"易地扶贫搬迁规划》,国家政策对迁出区土地利用的方向和类型,主要有土地复垦和土地生态恢复两类。

国家所有的迁出区土地,如果复垦,主要包括宅基地拆除和复垦以及对现有耕地进行整治和高标准农田建设。产生的直接结果就是迁出区土地耕地面积增加、质量提升,其适用方向就是以国有农场为性质、规模经营方式为特征的现代农业发展模式。但从现实逻辑出发,这种情况较少,因为如果适合现代农业发展,还有必要成建制地进行移民搬迁吗?所以这种情况,即使有,也不是主流和主要情况。

国家所有的迁出区土地,其适用方向将主要是发挥生态功能,当前任务是生态恢复与生态保护。一是宅基地拆除与生态恢复;二是耕地进行退耕还林还草。伴随性产生的区域性问题,就是相应行政区及更高一级行政区内土地面积及其构成将会发生变化。这需要在法律和土地利用规划上进行调整。因为《中华人民共和国土地管理法》(2020)第十六条明确,"省、自治区、直辖市人民政府编制的土地利用总体规划,应当确保本行政区域内耕地总量不减少。"第三十八条要求,"禁止任何单位和个人闲置、荒芜耕地。"

2. 由原来村集体所有的易地移民迁出区

农民集体所有的迁出区土地,在使用方向上,可分类进行处置。对于宅基地,原有搬迁农户不具有使用权,归还集体,如果集体有宅基地需求的农户,则再分配给农户;如果没有新的需求,则应复垦复绿,以增加耕地面积。对于耕地而言,或者纳入集体耕地体系再重新分配,以推动农业生产活动,或者退耕还林还草,推动生态建设和生态治理。

在这个过程中,易地移民迁出区土地类型是否需要调整即原有耕地、林地、草地等农用地类型是否需要调整?因为在易地扶贫搬迁过程中,宅基地复垦复绿、大部分耕地退耕还林还草,那么在零星分布的易地扶贫搬迁迁出区土地,如果仍以农业生产为主,土地类型将不会变化;如果耕地采用退耕还林还草的方式,那么土地类型将需要做相应的调整。因为根据《退耕还林条例》(2002)第四十七条规定,"退耕土地还林后,由县级以上人民政府依照森林法、草原法的有关规定发放林(草)权属证书,确认所有权和使用权,并依法办理土地变更登记手续。"根据《国家林业局关于进一步加强和规范林权登记发证管理工作的通知》规定,"实施退耕还林的,由土地承包经营权人申请并依法办理土地变更手续和调整土地承包经营合同。"也就是说,实施退耕还林工程的耕地,性质上已经变更为林地,而不再是耕地。这种情况,迁出区土地实施生态恢复工程之后,原来的耕地,大多变为了林地、草地,耕地数量必然下降。国务院颁布实施的《退耕还林条例》第六十二条规定,退耕还林者擅自复耕,或者林粮间作行为,明确了处理处罚规定。

(四)土地复垦的法律依据

一是《土地复垦条例》。《土地复垦条例》自 2011 年 2 月 22 日国务院第 145 次常务会议通过,2011 年 3 月 5 日中华人民共和国国务院令第 592 号公布,自公布之日起施行。根据《土地复垦条例》规定,土地复垦条例出台是"为了落实十分珍惜、合理利用土地和切实保护耕地的基本国策,规范土地复垦活动,加强土地复垦管理,提高土地利用的社会效益、经济效益和生态效益。"土地复垦"应当坚持科学规划、因地制宜、综合治理、经济可行、合理利用的原则。复垦的土地应当优先用于农业"。

二是《中华人民共和国土地管理法》。易地移民扶贫迁出区土地涉及大量的宅基地、学校、村委会、卫生所、商店、道路等建设用地,不论是高标准农田建设还是生态恢复,都面临土地整理、土地整治、土地复垦的问题。《中华人民共和国土地管理法》(2020)第四十二条围绕"土地整治""土地整理"明确,"国家鼓励土地整理。县、乡(镇)人民政府应当组织农村集体经济组织,按照土地利用总体规划,对田、水、路、林、村综合整治,提高耕地质量,增加有效耕地面积,改善农业生产条件和生态环境。"第四十三条对于"土地复垦"明确要求,"因挖损、塌陷、压占等造成土地破坏,用地单位和个人应当按照国家有关规定负责复垦;没有条件复垦或者复垦不符合要求的,应当缴纳土地复垦费,专项用于土地复垦。复垦的土地应当优先用于农业。"第七十六条明确,"违反本法规定,拒不履行土地复垦义务的,由县级以上人民政府自然资源主管部门责令限期改正;逾期不改正的,责令缴纳复垦费,专项用于土地复垦,可以处以罚款。"

三是《中华人民共和国土地管理法》(2019)第十七条规定,土地利用总体规划编制的原则有:一是根据国土空间开发保护与格局优化相关要求,严格落实土地用途管制制度。二是严格保护永久基本农田,严格控制非农业建设占用农用地。三是提高土地集约节约利用水平。四是统筹安排城乡生活、生态、生产用地,以满足乡村日常生活、产业发展、基础设施和公共服务设施建设用地的合理需求,更高水平、更为适宜地促进各地城乡融合、健康持续发展。五是保护和改善生态环境,以保障耕地的可持续利用。六是占用耕地与开发复垦的耕地数量要保持平衡、质量相当。

四是关于未开发利用土地的相关法律规定。《中华人民共和国土地管理法》(2020)第十八条明确,"经依法批准的国土空间规划是各类开发、保护、建设活动的基本依据。已经编制国土空间规划的,不再编制土地利用总体规划和城乡规划。"第三十九围绕"未利用地的开发"明确,"国家鼓励单位和个人按照土地利用总体规划,在保护和改善生态环境、防止水土流失和土地荒漠化的前提下,开发未利用的土地;适宜开发为农用地的,应当优先开发成农用地。国家依法保护开发者的合法权益。"

四、陕甘宁地方条例法规考察

(一)陕西

在《陕西省农村扶贫开发条例》(2012.3)中,移民搬迁是专项扶贫的类型之一,要求"县级以上人民政府结合乡镇建设,科学编制移民搬迁实施方案,对地质灾害频发区、资源匮乏区、地方病区等生存条件恶劣地区和生态保护区的农户,有计划地实施移民搬迁、就近改建等,帮助贫困人口改善生存和发展条件。"特别是明确提出,"移民搬迁在过渡期内,享受政策性补贴;过渡期满后,原土地、山林在承包期内的,经营权不变。"

(二)甘肃

《甘肃省农村扶贫开发条例》(2012.5)明确提出:"县级以上人民政府应当加强贫困地区交通、水利、电力、通讯、教育、科技、文化、卫生、广播电视、体育等基础设施建设,加大对贫困地区县级标准公路、村级等级道路及土地整治、水土流失治理、乡村饮水安全和牧区牧民定居、农区危房改造等民生工程支持力度。""县级以上人民政府有关部门应当根据贫困地区不同生态条件、环境状况,制定政策措施,支持实施退耕还林、退牧还草、禁牧休(轮)牧、水土保持、天然林保护和地质灾害治理等重点生态修复工程。"

《甘肃省农村扶贫开发条例》(2017.7)已由甘肃省第十二届人民代表大会常务委员会第三十四次会议于2017年7月28日修订通过,自2017年9月1日起施行。《甘肃省农村扶贫开发条例》(2017.7)第十一条明确,"农村扶贫开发工作的重点范围是:(一)经识别确定的贫困户。(二)经识别确定的贫困村。(三)国家确定的六盘山片区、秦巴山区、四省藏区范围内的本省贫困县(市、区)。(四)经识别确定的省级'插花型'贫困县(市、区)。省人民政府确定或调整农村扶贫开发工作重点范围时,应当对少数民族地区、革命老区、自然灾害频发区等地区的扶贫对象给予倾斜。"第十八条明确,"县级以上人民政府应当制定本行政区域农村扶贫开发规划,并负责组织实施。农村扶贫开发规划应当与本行政区域国民经济和社会发展规划、区域发展、行业发展等规划相衔接。县级以上人民政府确定涉及农村扶贫的其他专项发展规划,应当与农村扶贫开发规划相衔接。"第二十一条明确,"县级以上人民政府应当加强贫困地区水利、交通、通讯、电力、科技、教育、卫生、文化、体育、广播电视等基础设施建设,加大对贫困地区农村公路养护、土地整治、农村饮水安全、牧民定居和危房改造等民生工程支持力度。"第二十二条明确,"县级以上人民政府应当按照群众自愿、因地制宜、积极稳妥的原则,对居住在生存条件恶劣、生态环境脆弱、自然灾害频发等地区的农村贫困人口,实施易地扶贫搬迁。"第二十五条明确,"县级以上人民政府应当根据贫困地区不同生态条件、环境状况,制定政策措施,支持实施退耕还林、退牧还草、禁牧休牧轮牧、水土保持、天然林保护和气象地质灾害预防治理等重点生态修复工程。"

《关于征用退耕还林林地有关问题的通知》第一条明确规定,"凡退耕还林地必须纳入林地管理"[①]。

(三)宁夏

《宁夏回族自治区农村扶贫开发条例》(2016)第二十三条明确,"县级以上人民政府及其有关部门应当优先实施贫困地区道路、电力、农田水利、安全饮水、危房改造、土地整理、农业综合开发、小流域与水土流失治理、环境整治、广播电视、通信等基础设施建设。"第二十六明确,"自治区人民政府应当组织实施易地扶贫搬迁,改善贫困人口的生产生活条件。移民迁入区分配给移民的耕地、宅基地和住房五年内不得出租、转让;无正当理由连续闲置两年以上的,由当地县级人民政府收回,重新安置移民。贫困户搬迁到城镇后,在政策规定的期限内,可以继续享受农村扶贫政策。"

《关于加强生态移民迁出区生态修复与建设的意见》(2013)明确提出:"(五)严格确定土地权属和用途。对生态移民迁出区土地全部收归国有,由县级人民政府统一管理,组织实施生态修复工程。各移民迁出县(区)人民政府责成国土资源部门牵头,组织农牧、林业、统计等部门根据相关法律规定和法定程序对移民迁出后的所有土地进行地类区分、面积核定和权属界定。"

---

① http://lycy.gansu.gov.cn/contents/1147.html.

第五章 陕甘宁易地移民扶贫迁出区
土地整治的制度安排

关于易地移民扶贫迁出区土地整治没有专门的制度安排,但相关的制度较多,比如,土地用途管制制度、土地督察制度、自然资源资产产权制度、自然生态空间用途管制、生态补偿制度等。易地移民扶贫迁出区土地整治遵循哪些制度、专项制度中的哪些规定,以及不同迁出区对专项制度的实施方式等,都是需要进一步厘清和完善的问题,对于进一步推进陕甘宁易地移民扶贫迁出区土地整治工作、进一步优化陕甘宁国土空间开发格局等具有重要意义。

一、问题提出

易地移民扶贫迁出区土地整治问题,本质上属于国土空间开发及其开发格局优化的问题范畴。尽管易地扶贫搬迁相关规划和政策对迁出区土地整治、生态恢复等有相应的要求,但迁出区作为因搬迁政策实施而形成的特殊空间,具有自然客观性、特定功能性、管理对象性等相统一的特性。对于这类特殊的空间,涉及国家多个职能部门按类别、分职能、多渠道共同管理,也有国家综合性、职能部门专项性、省市县地方性等多角度、多领域、多层次的相关制度进行管理监督,使得迁出区土地整治受到相应的垂直管理、监督与考核,推动各地在实施易地移民扶贫搬迁过程中积极进行宅基地复垦、生态修复等工作。但同时,也有搬迁类型、安置方式、迁出区环境等区域差异较大,使得制度规定在实施过程中过于抽象、过于一般化而使得各级政府机构职能、制度实施主体、土地整治方向等有待进一步明确和完善。

二、文 献 梳 理

关于易地移民扶贫迁出区土地整治的制度安排与实施的直接研究,相对较少,但围绕土地整治、国土空间开发格局优化、农村土地制度改革的相关研究较多,具有代表性的最新研究成果主要有以下 3 个方面。

(一)关于迁出区土地空间功能的制度安排

迁出区作为特殊的空间类型,其空间功能与发展定位,需要从生产、生活、生态空间的内涵与范围的概念与政策指向中去寻找。国土空间开发与城市空间利用可以从"三生"功能空间协调优化的角度提高空间利用质量(江曼琦、刘勇,2020)[①]。"三生"空间的概念提出,从逻辑上源于党的十八大报告首次提出的"国土空间"概念;继而在党的十八届三中全会、2013 年中央城镇化工作会议和 2015 年的中央城市工作会议都提出,划定生产、生活、生态空间开发管制边界,促进"三生"空间优化。2019 年中共中央、国务院发布《关于建立国土空间规划体系并监督实施的若干意见》,将科学布局生产空间、生活空间、生态空间作为加快形成绿色生产生活方式、推进生态文明建设、建设美丽中国的关键举措,突出了"三生"空间划定在国土空间规划中的重要地位。目前"三生"空间研究主要基于各类型用地功能(崔家兴等,2018)[②]。

从宏观视角看,迁出区是典型的生态空间。一是我国贫困地区的分布与自然资源环境恶劣地区的分布之间存在着一种地理空间上的非良性耦合,而

[①] 江曼琦、刘勇:《"三生"空间内涵与空间范围的辨析》,《城市发展研究》2020 年第 27 期。

[②] 崔家兴、顾江、孙建伟等:《湖北省三生空间格局演化特征分析》,《中国土地科学》2018 年第 8 期。

这种性质既不利于当地的生态保护和环境治理,又制约了当地的经济社会发展,从而体现出互相牵制的恶性循环(佟玉权、龙花楼,2003)①;二是我国广大的贫困地区,经济贫困往往只是表层现象,根本原因则是无法支撑当地经济发展的恶劣生态环境和匮乏的自然资源条件(麻朝晖,2003)②;三是生态空间具有实体、功能、管理等多维属性,蕴含了生态系统服务的多样性、生态空间功能的复合性、生态服务价值的人本性三重内涵(陈阳等,2020)③。

(二)关于迁出区土地空间开发的相关制度安排

我国实行土地用途管制制度。(1)国土空间用途管制的对象是一个空间、属性与行为三位一体的复杂系统,管制实施中需协调好实体空间、功能空间与管理空间的关系。同时,异质性、动态性与尺度性等主要空间属性影响着管制实践的效率。(2)新时代国土空间用途管制完善了用途管制理念方法,但实践的滞后性引发了系统治理思维与分区分类管控的矛盾,空间尺度性与事权划分不匹配,管制手段中审批与许可关系不清等问题。(3)机构改革为自然资源统一管理带来机遇,但管制主体的职能界限模糊与"上下不对齐"的治理结构设置也带来了新的挑战。(岳文泽,王田雨,2019)④

(三)关于迁出区土地制度改革的制度安排

国家所有的迁出区大多是生态空间,而集体所有的迁出区仍然承担一定的生产、生活功能,土地承包与经营,涉及农村土地流转、规模经营等农村土地制度改革问题。目前,国内关于实施农村土地管理和改革的相关研究,主要集

---

① 佟玉权、龙花楼:《脆弱生态环境耦合下的贫困地区可持续发展研究》,《中国人口·资源与环境》2003 年第 2 期。

② 麻朝晖:《我国的贫困分布与生态环境脆弱相关度之分析》,《绍兴文理学院学报(哲学社会科学版)》2003 年第 1 期。

③ 陈阳、岳文泽、张亮:《国土空间规划视角下生态空间管制分区的理论思考》,《中国土地科学》2020 年第 8 期。

④ 岳文泽、王田雨:《中国国土空间用途管制的基础性问题思考》,《中国土地科学》2019 年第 33 期。

中在以下这些问题。一是农地制度影响经济绩效的途径,主要有地权稳定性效应、资源配置效应以及社会保障效应等(姚洋,2000)①。二是农村集体经营性建设用地、土地征收、农户宅基地等建设用地改革应走市场化之路(孔祥智,2015)②。三是农地"三权分置"的相关政策转化为可操作的法律实现机制,应以坚持农地集体所有权为前提,以稳定农地既有法权关系为基础,以农地权利财产化为指向(蔡立东、姜楠,2017)③。四是"新土改"要与农村微观经济基础重建同步推进(李含琳、滕海峰,2017)④,才能发挥政策红利。五是"新土改"的实施引起了农村土地经营方式的创新(滕海峰、李含琳,2017)⑤。六是实践表明,在农民集体层次,土地集体所有制凸显更为优越的制度优势(郑淋议、钱文荣、洪名勇等,2020)⑥。七是"三权分置"旨在解决农村土地的保障功能与农村土地效率利用之间的矛盾(韩宁,2020)⑦。八是基于实地调查发现,市场化土地整治对乡村振兴起到了重要的助推作用,农民的满意度与公平度认知比较高,但因机制设计尚存在诸多不足,对乡村振兴的助推还不够同步和彻底。故研究认为,市场化土地整治是一把"双刃剑",应从乡村振兴角度出发,从市场深化、目标导向、集成系统和利益机制4个方面改革完善土地整治的运行机制与实践路径,充分发挥市场化土地整治在"筹集建设资金、重塑空间形态、提供要素保障、激活资产功能、诱发连锁效应"等方面的助推作用(姚树荣、龙婷玉,2020)⑧。

---

① 姚洋:《中国农地制度:一个分析框架》,《中国社会科学》2000年第2期。

② 孔祥智:《农村的"三块地"改革应走市场化之路》,《农村工作通讯》2015年第8期。

③ 蔡立东、姜楠:《农地三权分置的法实现》,《中国社会科学》2017年第5期。

④ 李含琳、滕海峰:《"新土改"要与农村微观经济基础重建同步推进》,《甘肃农业信息》2017年第6期。

⑤ 滕海峰、李含琳:《"新土改"对农村土地经营制度的影响及其政策应对——甘肃调查》,《甘肃理论学刊》2018年第1期。

⑥ 郑淋议、钱文荣、洪名勇等:《中国为什么要坚持土地集体所有制——基于产权与治权的分析》,《经济学家》2020年第5期。

⑦ 韩宁:《中华人民共和国成立以来农村土地经营政策演进研究》,《重庆理工大学学报(社会科学版)》2020年第34期。

⑧ 姚树荣、龙婷玉:《市场化土地整治助推了乡村振兴吗——基于成都1187户上楼农民的调查》,《中国土地科学》2020年第34期。

三、国家综合性制度安排和具体规定

（一）自然资源产权制度改革

根据中央两办印发的《关于统筹推进自然资源资产产权制度改革的指导意见》（2019），"加快自然资源统一确权登记。……重点推进国家公园等各类自然保护地、重点国有林区、湿地、大江大河重要生态空间确权登记工作，将全民所有自然资源资产所有权代表行使主体登记为国务院自然资源主管部门，逐步实现自然资源确权登记全覆盖，清晰界定全部国土空间各类自然资源资产的产权主体，划清各类自然资源资产所有权、使用权的边界。"易地移民迁出区土地所有权、使用权、收益权、使用方向等，均需要法律上的进一步明确。

（二）自然资源有偿使用制度

根据《全国重要生态系统保护和修复重大工程总体规划（2021—2035年）》（2020）："加快健全自然资源有偿使用制度，加快建立政府公示自然资源价格体系，进一步完善自然资源及其产品价格形成机制。""深化国有林区、国有林场、集体林权制度改革，完善草原承包制度，促进盘活相关自然生态资源。"

（三）自然资源确权登记制度

《自然生态空间用途管制办法（试行）》（2017）第二十一条明确，"国家建立自然资源统一确权登记制度，推动建立归属清晰、权责明确、监管有效的自然资源资产产权制度，促进生态空间有效保护。"

（四）土地用途管制制度

《中华人民共和国土地管理法》（2020）第四条明确，"国家实施用途管制制度。"主要途径和管制载体是"国家编制土地利用总体规划,规定土地用途,将土地分为农用地、建设用地和未利用地。严格限制农用地转为建设用地,控制建设用地总量,对耕地实行特殊保护"。其中,农用地是指"直接用于农业生产的土地,包括耕地、林地、草地、农田水利用地、养殖水面等"。对于使用土地的单位和个人,"必须严格按照土地利用总体规划确定的用途使用土地。"

易地移民迁出区作为深度贫困区的典型区域,与生态敏感区高度耦合(李含琳,2018)①。《自然生态空间用途管制办法(试行)》(2017)第五条提出,"国家对生态空间依法实行区域准入和用途转用许可制度,严格控制各类开发利用活动对生态空间的占用和扰动,确保依法保护的生态空间面积不减少,生态功能不降低,生态服务保障能力逐渐提高。"第十二条明确,"生态保护红线原则上按禁止开发区域的要求进行管理。……生态保护红线外的生态空间,原则上按限制开发区域的要求进行管理。"

第十五条明确,"禁止农业开发占用生态保护红线内的生态空间,生态保护红线内已有的农业用地,建立逐步退出机制,恢复生态用途。"

第二十条明确,"制定激励政策,鼓励集体土地所有者、土地使用单位和个人,按照土地用途,改造提升生态空间的生态功能和生态服务价值。"

易地移民迁出区土地整治过程,涉及大量的原有建设用地复垦为农业空间或者土地整治后转为生态空间,原有农业空间转为生态空间。

(五)生态补偿制度

《自然生态空间用途管制办法(试行)》(2017)第二十四条明确,"国家鼓励地区间建立横向生态保护补偿机制,引导生态受益地区与保护地区之间、流域下游与上游之间,通过资金补助、产业转移、移民安置、人才培训、共建园区等方式实施补偿,共同分担生态保护任务。"

---

① 李含琳:《甘肃省生态敏感区与深度贫困高度耦合问题探讨》,《甘肃农业》2018年第1期。

（六）监督考核制度

《自然生态空间用途管制办法（试行）》（2017）第二十五条明确，"市县级及以上地方人民政府应当采取措施，确保本行政区域依法保护的生态空间面积不减少、功能不降低、生态服务保障能力逐渐提高。生态空间保护目标完成情况纳入领导干部自然资源资产离任审计，对自然生态损害责任实行终身追究。市县级人民政府、乡（镇）人民政府、农村集体经济组织或者村民委员会之间，应逐级签订生态保护红线保护责任书，责任书履行情况纳入生态文明建设目标评价考核体系。"

四、土地复垦制度标准

在易地移民迁出区土地整治类型中，其中之一是搬迁移民宅基地房屋拆除和土地整治，其整治方向是耕地、草地、林地和园地。在现有制度设计和安排中，中华人民共和国国土资源部于2013年发布和实施的《土地复垦质量控制标准》（TD/T1036—2013）是迁出区土地复垦的主要制度标准。该标准针对复垦的土地类型主要有：一是烧制砖瓦、露天采矿、挖沙取土等地表因挖掘所损毁的土地。二是由于地下采矿等而造成地表塌陷土地。三是堆放采矿剥离物矿渣、废石、冶炼渣、粉煤灰等固体废弃物所压占的土地。四是交通、能源、水利等基础设施建设以及其他生产活动临时占用而损毁的土地。五是洪水、地质灾害等自然灾害损毁的土地。六是法律规定的其他生产建设活动造成损毁的土地。

（一）土地复垦标准

一是土地复垦质量控制标准确定应体现综合控制的原则，规定损毁土地通过工程措施、生物措施和管护措施后，在地形、土壤质量、配套设施和生产力水平方面所应达到的基本完成要求。

二是土地复垦质量控制标准确定应依据技术经济合理的原则,兼顾自然条件与土地类型,选择复垦土地的用途,因地制宜,综合治理。宜农则农,宜林则林,宜牧则牧,宜渔则渔,宜建则建。条件允许的地方,应优先复垦为耕地。

三是土地复垦质量控制标准确定应遵循保护土壤、水资源和环境质量,保护文化古迹,保护生态,防止水土流失,防止次生污染的原则。

四是土地复垦质量控制标准确定应遵循实事求是的原则,若损毁土地复垦遇到特殊条件不能达到本标准规定要求时,可结合当地实际情况科学合理确定土地复垦质量控制标准。

五是依据土地复垦质量控制标准完成损毁土地复垦工作后,需重新确权登记的复垦土地应严格按照《土地利用现状分类》(GB/T 21010)进行划分。

(二)土地复垦质量指标体系

土地复垦质量指标体系包括耕地、园地、林地、草地、渔业(含养殖业)、人工水域和公园、建设用地等不同复垦方向的指标类型和基本指标。不同复垦方向的土地复垦质量指标类型包括地形、土壤质量、生产力水平和配套设施等四个方面。

1.耕地复垦质量控制标准

旱地田面坡度不宜超过25°。复垦为水浇地、水田时,地面坡度不宜超过15°。有效土层厚度大于40cm,土壤具有较好的肥力,土壤环境质量符合《土壤环境质量标准》(GB 15618—1995)规定的Ⅱ类土壤环境质量标准。配套设施(包括灌溉、排水、道路、林网等)应满足《灌溉与排水工程设计规范》(GB 50288)《高标准基本农田建设标准》(TD/T 1033)等标准,以及当地同行业工程建设标准要求。3—5年后复垦区单位面积产量,达到周边地区同土地利用类型中等产量水平,粮食及作物中有害成分含量符合《粮食卫生标准》(GB 2715)。

2. 园地复垦质量控制标准

地面坡度宜小于25°。有效土层厚度大于40cm，土壤具有较好的肥力，土壤环境质量符合《土壤环境质量标准》（GB 15618—1995）规定的Ⅱ类土壤环境质量标准。配套设施（包括灌溉、排水、道路等）应满足《灌溉与排水工程设计规范》（GB 50288）等标准以及当地同行业工程建设标准要求。有控制水土流失措施，边坡宜植被保护，满足《水土保持综合治理技术规范》（GB/T 16453）要求。3—5年后复垦区单位面积产量，达到周边地区同土地利用类型中等产量水平，果实中有害成分含量符合《粮食卫生标准》（GB 2715）。

3. 林地复垦质量控制标准

有效土层厚度大于20cm，西部干旱区等生态脆弱区可适当降低标准；确无表土时，可采用无土复垦、岩土风化物复垦和加速风化等措施。道路等配套设施应满足当地同行业工程建设标准的要求，林地建设满足《生态公益林建设规划设计通则》（GB/T 18337.2）和《生态公益林建设检查验收规程》（GB/T 18337.4）的要求。3—5年后，有林地、灌木林地和其他林地郁闭度应分别高于0.3、0.3和0.2，西部干旱区等生态脆弱区可适当降低标准；定植密度满足《造林作业设计规程》（LY/T 1607）要求。

4. 草地复垦质量控制标准

复垦为人工牧草地时地面坡度应小于25°。有效土层厚度大于20cm，土壤具有较好的肥力，土壤环境质量符合《土壤环境质量标准》（GB 15618—1995）规定的Ⅱ类土壤环境质量标准。配套设施（灌溉、道路）应满足《灌溉与排水工程设计规范》（GB 50288）、《人工草地建设技术规程》（NY/T 1342）等当地同行业工程建设标准要求。3—5年后复垦区单位面积产量，达到周边地区同土地利用类型中等产量水平，牧草有害成分含量符合《粮食卫生标准》（GB 2715）。

（三）生态环境保护与恢复治理技术规范

迁出区生态环境保护与恢复治理，其规范标准与技术要求，由于没有专门的迁出区生态修复与生态治理的技术规范，可在实施过程中参照环境保护部发布的《矿山生态环境保护与恢复治理技术规范(试行)》(2013 年 7 月 23 日发布实施)。本标准规定了矿产资源勘查与采选过程中关于矿区生态环境保护与生态治理方面的相关要求,包括尾矿库、露天采场、排土场、矿区专用道路、沉陷区、矿山工业场地、矿山污染场地、矸石场等生态环境保护与恢复治理的指导性规范标准与技术要求。迁出区生态环境保护与恢复治理可根据实际情况参照执行。

第六章　陕甘宁易地移民扶贫迁出区
土地整治的政策支持

易地移民扶贫搬迁是一项政策性很强的精准扶贫举措,迁出区土地整治是其中重要的一项政策性任务。总体来看,关于易地移民扶贫迁出区的土地整治,不论是国家层面,还是各省区市,都没有相关的专门政策,而是包含在空间开发、脱贫攻坚、易地扶贫、乡村振兴、土地整治等政策体系之中。因此,推进实施易地移民扶贫迁出区土地整治,需要从国家层面及各地的相关政策中,梳理相关政策,以便更好整合和高效利用政策。

一、问 题 提 出

易地移民扶贫搬迁自 2001 年提出和实施以来,受到社会各界的广泛关注,同时政府各个部门联合推动,既研究和出台扶贫开发、精准扶贫精准脱贫等综合性规划和政策,也出台有关土地、资金、金融等方面的专项支持性政策。从内容上来看,这些政策主要集中在搬迁移民空间迁移、安置区建设、扶贫产业发展、基础设施和服务设施建设等方面。迁出区土地整治作为易地移民扶贫搬迁的一项任务,理应也是政策关照和政策支持的重点任务,但相对于迁入区建设来说,不论是资金安排还是项目建设,政策关照显然是不足的。从各地易地扶贫搬迁的具体实践来看,为了按时完成精准扶贫精准脱贫任务,再加上时间紧、任务重,不得不将时间、精力、资源主要集中在易地搬迁和安置发展上,而对于迁出区土地整治和生态恢复,常常"心有余而力不足"。所以,在有限时间和资源约束下,政策设计和实践工作,大多将任务重点放在推进搬迁移民完成易地搬迁和迁入区建设上。但从长远发展和土地资源高效盘活计,易地扶贫搬迁工作,既要向前看,推动迁入区建设和搬迁移民在迁入区安居乐业、可持续发展,也要往后看,注重迁出区土地整治,或者通过土地整治发展现代规模农业,或者通过土地整治推进生态恢复与生态治理,注重生态产品生产。针对这种长远发展需求,既需要在现有精准扶贫政策和易地扶贫搬迁政策中梳理出迁出区土地整治的资金来源、项目安排、整治标准、补偿办法等相关政策,也要设计、出台和完善迁出区土地整治的专门政策。

二、文 献 梳 理

目前关于迁出区土地整治方面研究的主要观点包括:一是认为目前易地扶贫政策存在"重迁入区、轻迁出区"的倾向,相对迁入区,关于迁出区政策和办法不多,而且现有政策如何"落地"存在诸多障碍,主要表现是政策供给滞后、土地荒芜与土地紧缺并存、农户不愿对旧房与宅基地拆除复垦、生态修复资金不足、生态资源优势向经济优势转换难等(姚树荣、刘书天,2019)①。二是政策要求坚持"一户一宅"原则,但在具体实践中,搬迁移民参与搬迁意愿的比例高于腾退意愿,主要原因是安置房面积小、收入不稳定、搬迁后生活成本大幅增加等致使移民后生产生活水平下降。因此,从推动原宅基地腾退和土地整治工作出发,需要各地区应该根据实际情况和多样化的生计特点,以采取适当的安置模式(卢卫芳,2017)②,这是易地扶贫搬迁工作的前提和基础。三是认为易地移民扶贫建设阶段,主要目标是"搬得出、稳得住、能致富",工作重点是统筹"人"与"地"的关系,其中就包含着伴随人的迁移的是原有宅基地复垦和旧房拆除,普遍实施和运用的主要政策举措是城乡建设用地增减挂

---

① 姚树荣、刘书天:《易地扶贫迁出区的国土空间治理》,《农村经济》2019 年第 11 期。
② 卢卫芳:《扶贫移民户原宅基地腾退意愿与行为差异研究——基于宁夏 275 户移民的实证分析》,西北农林科技大学硕士学位论文。

钩(涂圣伟,2020)①。四是认为关于城乡建设用地增减挂钩的政策设计和制度安排可以有效解决精准扶贫面临的土地与资金困境,但同样也存在着一定的局限性。五是为了更好发挥城乡建设用地增减挂钩对易地扶贫搬迁和土地整治的支持作用,该政策创新的主要方向是探索市场化运行机制、增强政策包容性、健全农户脱贫致富保障机制以及打好政策"组合拳"等(姚树荣、龙婷玉,2016)②。同时,在后续扶持发展阶段,需要从全过程视角按照迁出地、迁入地联动发展思路,提升人、地、钱等要素的匹配性,进一步优化组织体系、任务体系和资源保障体系(涂圣伟,2020)③。六是从政策效果来看,有研究基于实地调研、访谈和回归分析表明,生态移民政策对迁出区的生态环境与移民生活改善等有明显提高(任晓蕾等,2016)④。

三、国家综合性政策规定

(一)扶贫开发规划(计划)

1.《国家八七扶贫攻坚计划(1994—2000 年)》

在《国家八七扶贫攻坚计划(1994—2000 年)》(1994)中关于农村土地整治的内容主要有:"通过土地有偿租用、转让使用权等方式,加快荒地、荒山、荒坡、荒滩、荒水的开发利用",这是扶贫开发的基本途径之一。

2.《中国农村扶贫开发纲要(2001—2010 年)》

在《中国农村扶贫开发纲要(2001—2010 年)》中关于农村土地整治的内容主要有:"(十九)稳步推进自愿移民搬迁。对目前极少数居住在生存条件

---

① 涂圣伟:《易地扶贫搬迁后续扶持的政策导向与战略重点》,《改革》2020 年第 9 期。

② 姚树荣、龙婷玉:《基于精准扶贫的城乡建设用地增减挂钩政策创新》,《西南民族大学学报(人文社科版)》2016 年第 37 期。

③ 涂圣伟:《易地扶贫搬迁后续扶持的政策导向与战略重点》,《改革》2020 年第 9 期。

④ 任晓蕾、张旺锋、马文亚等:《天祝藏族自治县生态移民政策实施效果实证研究》,《资源开发与市场》2016 年第 32 期。

恶劣、自然资源贫乏地区的特困人口,要结合退耕还林还草实行搬迁扶贫。……要做好迁出地的计划生育和退耕还林还草工作,确保生态环境有明显改善。""西部大开发安排的水利、退耕还林、资源开发项目,在同等条件下要优先在贫困地区布局。"

3.《中国农村扶贫开发纲要(2011—2020 年)》

《中国农村扶贫开发纲要(2011—2020 年)》提出:"(二十二)完善基础设施。推进贫困地区土地整治,加快中低产田改造,开展土地平整,提高耕地质量。""(三十四)投资倾斜。加大贫困地区……生态环境和民生工程等投入力度,加大村级公路建设、农业综合开发、土地整治、小流域与水土流失治理、农村水电建设等支持力度。""(三十七)土地使用。新增建设用地指标要优先满足贫困地区易地扶贫搬迁建房需求。加大土地整治力度,在项目安排上,向有条件的重点县倾斜。""(十二)易地扶贫搬迁。坚持自愿原则,对生存条件恶劣地区扶贫对象实行易地扶贫搬迁。"

4.《"十三五"脱贫攻坚规划》(2016)

《"十三五"脱贫攻坚规划》(2016)专设一章即第七章"生态保护扶贫",明确了"处理好生态保护与扶贫开发的关系,加强贫困地区生态环境保护与治理修复,提升贫困地区可持续发展能力"。既部署了"加大生态保护修复力度",其中,明确强调了"加大新一轮退耕还林还草工程实施力度,加强生态环境改善与扶贫协同推进"。围绕生态保护的可持续性,"建立健全生态保护补偿机制"。

5.《全国重要生态系统保护和修复重大工程总体规划(2021—2035 年)》

《全国重要生态系统保护和修复重大工程总体规划(2021—2035 年)》(2020)提出:"按照谁修复、谁受益原则,通过赋予一定期限的自然资源资产使用权等产权安排,激励社会投资主体从事生态保护修复。""鼓励各地统筹多层级、多领域资金,集中开展重大工程建设,形成资金投入合力,提高财政资源配置效率和使用效益。持续加大重点生态功能区转移支付力度,加强监督考核。""鼓励各地在坚持生态保护优先的基础上,结合有关重大工程建设,积极推动生态旅游、林下经济、生态种养、生物质能源、沙产业、生态康养等特色产业发展。"

（二）中共中央国务院决定

1.《中共中央国务院关于打赢脱贫攻坚战的决定》

在《中共中央国务院关于打赢脱贫攻坚战的决定》中，关于土地整治的内容主要有："积极整合交通建设、农田水利、土地整治、地质灾害防治、林业生态等支农资金和社会资金，支持安置区配套公共设施建设和迁出区生态修复。利用城乡建设用地增减挂钩政策支持易地扶贫搬迁。"

2.《中共中央国务院关于打赢脱贫攻坚战三年行动的指导意见》

在《中共中央国务院关于打赢脱贫攻坚战三年行动的指导意见》(2018.6.15)中关于贫困地区土地整治的政策主要有："建立土地整治和高标准农田建设等新增耕地指标跨省域调剂机制。贫困地区符合条件的补充和改造耕地项目，优先用于跨省域补充耕地国家统筹，所得收益通过支出预算用于支持脱贫攻坚。优先安排贫困地区土地整治项目和高标准农田建设补助资金，指导和督促贫困地区完善县级土地整治规划。"

3.《中共中央办公厅国务院办公厅关于支持深度贫困地区脱贫攻坚的实施意见》

在《中共中央办公厅国务院办公厅关于支持深度贫困地区脱贫攻坚的实施意见》中关于易地移民搬迁及迁出区土地整治的要求，主要是原则性、整体性、长远性要求，即"加大中央财政投入力度，加大金融扶贫支持力度，加大项目布局倾斜力度，加大易地扶贫搬迁实施力度，加大生态扶贫支持力度……构建起适应深度贫困地区脱贫攻坚需要的支撑保障体系。"

四、国家相关专项政策考察

（一）易地扶贫搬迁政策

国务院扶贫办、国家发展改革委联合印发的《秦巴山片区区域发展与扶贫攻坚规划(2011—2020年)》,对于位于秦巴山片区的陕西、甘肃等省的相关贫困区的发展,进行了谋划和部署,按照"区域发展带动扶贫开发、扶贫开发促进区域发展"的基本思路,着力加强基础设施建设、着力培育特色优势产业、着力改善农村基本生产生活条件、着力开发人力资源、着力发展社会事业、着力推进生态建设和环境保护,规划将秦巴山区建设成为区域交通重要通道、循环经济创新发展区、科技扶贫示范区、知名生态文化旅游区和国家重要生态安全屏障。在规划中的"土地政策"部分,明确提出"进一步完善建设用地审批制度,保障交通等区域发展重点工程建设用地和扶贫搬迁、生态移民建设用地。实行差别化的土地管理政策,土地利用年度计划、城乡建设用地增加挂钩周转指标向片区倾斜。有条件的地区开展低丘缓坡荒滩等未利用地开发利用试点和工矿废弃地复垦利用试点"。在"生态与资源补偿政策"部分,明确"把秦巴山片区作为国家生态补偿试点地区,积极探索对贫困村具有水土保持和碳汇生态效益的生态林予以生态补偿等政策"。

根据国家发展改革委、国务院扶贫办、财政部、国土资源部、中国人民银行《关于印发"十三五"时期易地扶贫搬迁工作方案的通知》,关于易地扶贫搬迁,需要做好搬迁对象精准认定、安置方式科学选择、迁入区(安置区)相关设施(包括基础设施和公共服务设施、生产设施等)和住房建设、建设标准与补助标准认定、资金筹措与方式创新、信贷资金来源与资金运作、财政投资、金融土地等政策配套工作。

从具体的建设任务上来看,根据《"十三五"易地扶贫搬迁规划》,主要包括:安置住房、基本公共服务设施、配套基础设施、土地整治以及迁出区生态恢复等5个方面。

从政策对空间利用的要求上看,易地扶贫搬迁既涵盖迁入区生产、生活、生产设施的建设,对迁入区空间进行社会化塑造,同时也包含迁出区土地整治与生态恢复,两类空间性质、定位、功能不同,空间利用方向、方式、方法不同,但在实施易地扶贫搬迁的过程中,政策上内含了两类空间不同处置方式与过程的同时性以及作用和功能的同等重要性,即易地搬迁不仅要向前看,关注和推进迁入区的建设,也要向后看,关注和推进迁出区的土地整治与生态恢复。

由国家发改委联合国务院扶贫办、教育部、民政部、财政部、人力资源社会保障部、自然资源部、农业农村部、商务部、卫生健康委、中国人民银行等 10 个部门印发《关于进一步加大易地扶贫搬迁后续扶持工作力度的指导意见》,第六部分题为"稳步推进旧房拆除和宅基地复垦复绿",其内容主要包括三个方面,即第十四条,"有序推进旧房拆除。贯彻落实'一户一宅'要求,稳妥有序组织开展易地扶贫搬迁旧房拆除工作。县级政府要结合本地实际,制定具体拆旧方案,耐心细致做好群众工作,科学组织拆旧工作实施。对建设在地质灾害、洪涝灾害危险区及经鉴定为不安全住房的旧房,须即搬即拆,切实保障搬迁贫困群众生命财产安全。"第十五条,"合理确定拆旧过渡期。充分考虑搬迁群众在过渡期的生产生活需求、子女教育衔接等因素,适当预留一定的旧房拆除过渡期,为群众生产生活提供便利,不搞强搬强拆。过渡期原则上为搬迁群众实际入住后 1 年内,具体期限可由各省根据实际情况确定。"第十六条,"分类实施旧宅基地整治。在符合国土空间规划、用途管制和尊重搬迁群众意愿的前提下,按照'宜耕则耕、宜林则林、宜草则草'的原则,因地制宜采取整理、复垦、复绿等方式实施旧宅基地以复垦复绿为主要方式的土地整治。宅基地具备复垦条件的,可根据实际条件优先纳入城乡建设用地增减挂钩政策项目区范围。对不具备复垦条件的,经相关部门认定后,可根据实际情况复草复绿,对迁出区实施乡村生态治理与修复工程。在规定期限内,'三区三州'以及其他深度贫困县的增减挂钩结余指标可由国家统筹跨省域调剂使用。加快拆旧复垦后的土地确权颁证,切实维护搬迁群众合法权益。"

由国家发展改革委联合国务院扶贫办、教育部、民政部、财政部、人力资源和社会保障部、自然资源部、住房和城乡建设部、农业农村部、商务部、中国人民银行、国务院国资委、国家林草局等 12 个部门印发的《关于印发 2020 年易地扶贫搬迁后续扶持若干政策措施的通知》,将推进迁出区旧房拆除和旧宅基地复垦、迁出区土地流转、城乡建设用地增减挂钩等政策放在第四部分即"全力保障搬迁群众合法权益"中进行安排部署,其基本的政策逻辑是保障搬迁群众在搬迁过程中的合法权益。第十三条,"严格落实'一户一宅、占新腾旧'有关规定,有序推进旧房拆除和旧宅基地复垦工作,具体实施方案及拆旧复垦时限由省级政府研究制定。按照'宜耕则耕、宜林则林、宜草则草'原则,因地制宜采取整理、复垦、复绿等方式实施腾退宅基地整治。研究出台易地扶贫搬迁安置住房不动产确权登记相关政策。"第十四条,"大力实施城乡建设用地增减挂钩节余指标支持易地扶贫搬迁相关政策。"第十五条,"加强迁出区土地流转规范管理与服务,进一步完善农村土地'三权分置'制度政策体系,支持搬迁农户承包土地经营权流转,因地制宜培育发展产业。"

(二)城乡建设用地增减挂钩

在易地扶贫搬迁的过程中,涉及搬迁移民发展权的空间转移问题,其中,涉及搬迁移民对集体耕地、林地等农用地的承包经营权问题,也涉及搬迁移民在迁入区建设需要新的建设用地指标、迁出区相关建设用地指标的空间转移及节余指标的调剂使用等问题。

关于城乡建设用地增减挂钩,《城乡建设用地增减挂钩试点管理办法》对其内涵定义、实施范围、空间区域、政策要求、政策目标等有明确规定。关于在易地扶贫搬迁过程中实施城乡建设用地增减挂钩政策的范围和方式,中央和有关部门有明确的政策要求。一是国土资源部《关于用好用活增减挂钩政策积极支持扶贫开发及易地扶贫搬迁工作的通知》指出,增减挂钩指标要向贫困地区倾斜,明确和规范了扶贫开发增减挂钩节余指标的使用管理。二是国土资源部《关于进一步运用增减挂钩政策支持脱贫攻坚的通知》明确指出,要进一步加大增减挂钩政策支持脱贫攻坚的力度。三是2018年中央一号文件《中共中央国务院关于实施乡村振兴战略的意见》(2018)在第十一章"开拓投融资渠道,强化乡村振兴投入保障"中明确,"改进耕地占补平衡管理办法,建立……城乡建设用地增减挂钩节余指标跨省域调剂机制"。《乡村振兴战略规划(2018—2022年)》(2018)进一步明确,"改进耕地占补平衡管理办法,建立……城乡建设用地增减挂钩节余指标跨省域调剂机制。"四是2019年中央一号文件《中共中央国务院关于坚持农业农村优先发展做好"三农"工作的若干意见》(2019)进一步明确,"调剂收益全部用于巩固脱贫攻坚成果和支持乡村振兴。加快修订土地管理法、物权法等法律法规。"

(三)国土空间开发政策

易地移民迁出区的土地利用、土地整治、生态修复与保护等,在政策对象与内容体系上隶属于国土空间开发的范畴。最直接的政策就是《全国国土规划纲要(2016—2030年)》。该规划纲要中,直接关于易地移民扶贫的政策条文主要有:"优先保障易地扶贫搬迁等……项目用地,合理安排重点基础设施项目用地。"间接相关的政策条文主要有:"探索建立收储制度,盘活农村闲置建设用地。"

(四)土地整治政策

易地移民迁出区的土地,不论是宅基地、集体经营性建设用地等建设用地的复垦复绿,还是原有耕地的高标准农田建设、适度规模经营等,都是土地整治,特别是农村土地整治政策体系的涉及范围。根据《全国土地整治规划(2016—2020年)》,要"大力推进贫困地区土地综合整治……以保护生态环境为前提,大力推进废弃、退化、污染、损毁土地的治理、改良和修复,促进土地资源永续利用。"其中,直接与精准扶贫、易地移民迁出区土地整治相关的政策条文,主要有:(1)"根据集中连片特殊困难地区耕地情况、水土平衡情况、空间分布规律等,结合各地区的经济社会状况,分区域、分类型开展土地整治。"(2)"优先开展'空心村'等土地整理。……按照尊重农民意愿、充分考虑农民实际承受能力的要求,鼓励农民搬迁腾退出原有宅基地,并优先复垦为耕地,腾出的建设用地优先用于农民新居、农村基础和公益设施建设,并支持发展农村非农产业,为农民创业和就近就业提供空间。"(3)"对集中连片特困地区、国家扶贫开发重点县、开展易地扶贫搬迁的贫困老区,可将增减挂钩节余指标在省域范围内流转使用。"(4)"运用增减挂钩政策,合理引导移民搬迁,开展农村居民点整理复垦还林还耕还草和调整使用,将增减挂钩取得的收益按规定用于农村,促进新农村建设。"

(五)税收政策①

支持贫困地区基础设施建设的税收优惠政策主要有:农田水利占用耕地不征收耕地占用税,农村居民占用耕地新建自用住宅减半征收耕地占用税,农村烈属等优抚对象及低保农民新建自用住宅免征耕地占用税,农村饮水安全工程运营管理单位自用土地免征城镇土地使用税,建设农村饮水安全工程承受土地使用权免征契税等。

优化土地资源配置的税收优惠政策主要有:转让土地使用权给农业生产者用于农业生产免征增值税,承包地流转给农业生产者用于农业生产免征增值税,出租国有农用地给农业生产者用于农业生产免征增值税,直接用于农、林、牧、渔业生产用地免征城镇土地使用税,农村集体经济组织股份合作制改革免征契税,农村集体经济组织清产核资免征契税,收回集体资产签订产权转移书据免征印花税,农村土地、房屋确权登记不征收契税等。

易地扶贫搬迁的税收优惠政策主要有:易地扶贫搬迁贫困人口有关收入免征个人所得税,易地扶贫搬迁贫困人口取得安置住房免征契税,易地扶贫搬迁项目实施主体取得建设土地免征契税、印花税,易地扶贫搬迁项目实施主体、项目单位免征印花税,易地扶贫搬迁安置住房用地免征城镇土地使用税,易地扶贫搬迁项目实施主体购置安置房源免征契税、印花税等。

(六)革命老区专项政策

中共中央办公厅、国务院办公厅印发《关于加大脱贫攻坚力度支持革命老区开发建设的指导意见》(2016)明确:"(三)强化土地政策保障。在分解下达新增建设用地指标和城乡建设用地增减挂钩指标时,重点向老区内国家

---

① 《支持脱贫攻坚税收优惠政策指引》,http://www.cpad.gov.cn/art/2020/6/19/art_46_181856.html。

扶贫开发工作重点县倾斜。……支持有条件的老区开展历史遗留工矿废弃地复垦利用、城镇低效用地再开发和低丘缓坡荒滩等未利用地开发利用试点"。

(七)生态保护政策

《生态扶贫工作方案》提出,大力实施退耕还林还草、退牧还草、水土保持、天然林保护、石漠化综合治理、农牧交错带已垦草原综合治理等工程,"加强贫困地区生态保护与修复,在各类重大生态工程项目和资金安排上进一步向贫困地区倾斜。"

陕甘宁易地移民扶贫迁出区大多位于《全国重要生态系统保护和修复重大工程总体规划(2021—2035年)》(2020)中所确定的"黄河重点生态区(含黄土高原生态屏障)"和"北方防沙带"。

关于"黄河重点生态区(含黄土高原生态屏障)"的主攻方向,规划明确提出,"立足黄土高原丘陵沟壑水土保持生态功能区,以小流域为单元综合治理水土流失,开展多沙粗沙区为重点的水土保持和土地整治,坚持以水而定、量水而行,宜林则林、宜灌则灌、宜草则草、宜荒则荒,科学开展林草植被保护和建设,提高植被覆盖度,加快退化、沙化、盐碱化草场治理,保护和修复黄河三角洲等湿地,实施地下水超采综合治理,加强矿区综合治理和生态修复,使区域内水土流失状况得到有效控制,完善自然保护地体系建设并保护区域内生物多样性。"规划实施的生态保护和修复重大工程包括:黄土高原水土流失综合治理、秦岭生态保护和修复、贺兰山生态保护和修复、黄河下游生态保护和修复、黄河重点生态区矿山生态修复等。

关于"北方防沙带"的主攻方向,规划明确提出,"进一步增加林草植被盖度,增强防风固沙、水土保持、生物多样性等功能,提高自然生态系统质量和稳定性,筑牢我国北方生态安全屏障。"规划实施的生态保护和修复重点工程包括:京津冀协同发展生态保护和修复、内蒙古高原生态保护和修复、河西走廊生态保护和修复、塔里木河流域生态修复、天山和阿尔泰山森林草原保护、三北地区矿山生态修复等。

(八)专项资金管理办法

《重点生态保护修复治理资金管理办法》(2019.2.27):围绕迁出区土地整治的相关政策是"开展山水林田湖草生态保护修复工程,……坚持保护优先、自然恢复为主,进行系统性、整体性修复,完善生态安全屏障体系,提升生态服务功能。"

五、省级相关政策

(一)陕西

1.《陕南地区移民搬迁安置工作实施办法(暂行)》

《陕南地区移民搬迁安置工作实施办法(暂行)》对迁出区的有关规定,第十九条第三款明确,"对移民搬迁后有复垦条件的旧村庄、旧宅基地,市、县、(区)国土资源管理部门组织复垦后,依据《陕西省新增耕地指标储备及收购置换暂行办法》,按项目实施复垦验收,并报备案,纳入耕地占补平衡管理。省级分成的新增建设用地有偿使用费投资整理项目向移民搬迁安置区域倾斜,以增加耕地面积,提高耕地质量。"①

2.《陕北移民搬迁安置若干政策规定》

《陕北移民搬迁安置若干政策规定》关于迁出区的有关规定,第十四条明确,"对移民搬迁后有复垦条件的旧村庄、旧宅基地,市、县、(区)国土资源管理部门要组织复垦,并依据《陕西省新增耕地指标储备及收购置换暂行办法》,按项目验收后上报备案,纳入耕地占补平衡管理。省级分成的新增建设用地有偿使用费投资的土地整理项目要向移民搬迁安置区倾斜,以增加耕地

---

① 何得桂等:《摆脱贫困——记述陕西易地扶贫搬迁》,知识产权出版社 2018 年版,第202 页。

面积,提高耕地质量。"①第三十一条明确,"对搬迁户原有的集体资产收益权、土地承包权、林木所有权及自留山使用权,凡未享受进城落户政策的,维持政策不变。鼓励搬迁户依法、有偿流转承包的土地和林地,严禁撂荒。"②

3.《陕西省国土资源厅关于避灾移民搬迁安置用地有关问题的通知》

《陕西省国土资源厅关于避灾移民搬迁安置用地有关问题的通知》关于搬迁移民迁出区土地的有关规定,第五条第一款明确,"避灾移民群众搬迁后,原有农民宅基地及农村集体公共设施、公益事业用地原则上应优先复垦成耕地,市、县人民政府可以给予一定的资金补助或者奖励";第二款明确,"搬迁户对原宅基地进行了复垦,且新建住宅占用土地不超过原宅基地面积的,免征耕地占用税";第三款明确,"对搬迁户免收土地登记费";第四款明确,"中介机构收取避灾移民搬迁项目承建单位的土地评估费、地质灾害评估费用按最低价收取"。

4.《陕西省人民政府办公厅关于进一步加强和规范陕南地区移民搬迁工作的意见》

《陕西省人民政府办公厅关于进一步加强和规范陕南地区移民搬迁工作的意见》第22条明确,"加强宅基地复垦工作。镇(乡)政府要执行'一户一宅、占新腾旧'政策,与搬迁户签订宅基地退出协议,推进旧宅基地复垦工作。暂时难以腾退的,允许其搬迁入住3年内退出。鼓励各地结合农村居民进城落户政策,通过奖补等方式引导移民搬迁户加快旧宅基地腾退进度。"第26条明确,"切实维护移民权益。搬迁群众原有的土地、山林等承包权维持不变,经营权可自行流转。对自愿交回的,原集体经济组织应予以接纳并给予合理补偿。不得强制或变相强制收回农民土地、林地承包经营权。"③

---

① 何得桂等:《摆脱贫困——记述陕西易地扶贫搬迁》,知识产权出版社2018年版,第205页。

② 何得桂等:《摆脱贫困——记述陕西易地扶贫搬迁》,知识产权出版社2018年版,第206页。

③ 何得桂等:《摆脱贫困——记述陕西易地扶贫搬迁》,知识产权出版社2018年版,第215—216页。

5.《陕北关中地区移民搬迁规划实施指导意见》

陕西省扶贫开发办公室、陕西省发展和改革委员会、陕西省财政厅联合印发的《陕北关中地区移民搬迁规划实施指导意见》中关于迁出区的有关规定，第八条第一款明确，"保障搬迁户权益。搬迁户原有的集体资产收益权、土地承包权、林木所有权及自留山使用权，凡未享受进城落户政策的，维持现状不变。鼓励搬迁户依法、有偿流转承包的耕地和林地。自愿交回土地、山林等承包经营权的，要给予一定经济补偿，不得强制或变相强制收回。"①

6.《陕西省人民政府办公厅关于进一步做好陕南陕北地区移民搬迁安置工作的通知》

《陕西省人民政府办公厅关于进一步做好陕南陕北地区移民搬迁安置工作的通知》，包含"确保移民搬迁的集中安置比例""加强移民搬迁集中安置点规划管理工作""加大资金筹措和监管工作力度""落实移民搬迁基础设施配套项目和资金""合理控制移民建房用地面积，统筹安排保障性住房""认真做好移民安置住房'两权'发证工作""加强移民搬迁安置项目审查和管理""积极解决移民搬迁安置点建设中的困难和问题""加快移民安置信息化建设""搞好移民搬迁考核工作"等方面的内容，该政策的出台为了促进做好移民搬迁安置工作，但并不涉及迁出区土地处置问题②。

7.《陕西省人民政府办公厅关于加快陕南地区移民搬迁集中安置点基础设施和公共服务设施项目建设进度的通知》

《陕西省人民政府办公厅关于加快陕南地区移民搬迁集中安置点基础设施和公共服务设施项目建设进度的通知》目的是进一步加快和规范陕南地区移民搬迁集中安置点基础设施和公共服务设施项目的建设，规避或解决其中

---

① 何得桂等:《摆脱贫困——记述陕西易地扶贫搬迁》，知识产权出版社 2018 年版，第 220 页。

② 何得桂等:《摆脱贫困——记述陕西易地扶贫搬迁》，知识产权出版社 2018 年版，第 222—225 页。

存在的问题①。

8.《陕西省国土资源厅、陕西省住房和城乡建设厅关于陕南地区移民搬迁安置房与保障性住房结合有关问题的通知》

《陕西省国土资源厅、陕西省住房和城乡建设厅关于陕南地区移民搬迁安置房与保障性住房结合有关问题的通知》,这是围绕陕南地区移民搬迁安置房与保障性住房相结合的有关问题在政策上进行了说明和规定。

9.《陕西省国土资源厅支持脱贫攻坚政策意见》

陕西省国土资源厅、陕西省扶贫开发办公室联合印发的《陕西省国土资源厅支持脱贫攻坚政策意见》中尽管没有专门提到搬迁移民迁出区,但在脱贫攻坚过程中涉及的土地保障、盘活存量建设用地、用好城乡建设用地增减挂钩政策、工矿废弃地复垦利用政策、城郊土地再开发利用政策、土地整治资金投入向贫困地区倾斜、加强贫困地区高标准基本农田建设、优先安排退耕还林还草等,在政策中都有明确规定和部署②。尽管是广义上的脱贫攻坚支持政策,但在易地扶贫搬迁过程中,会涉及和运用到其中的退耕还林还草、宅基地复垦、城乡建设用地挂钩、高标准农田建设等政策。

10.《陕西省移民(脱贫)搬迁工作实施细则》

《陕西省移民(脱贫)搬迁工作实施细则》是专门针对易地移民扶贫搬迁的工作实施细则,关于易地移民迁出区,第二十一条明确,"宅基地腾退复垦。农村宅基地严格按照一户一宅、一宅一证、建新腾旧、先腾退后兑付补助的办法,加快旧宅腾退。地灾、洪灾、采煤塌陷区搬迁户,做到即建即搬即拆,其他安置对象过渡期不超过三年。腾退的宅基地按照'宜耕则耕、宜林则林、宜草则草'的原则,进行复垦或还林还草。"第三十条明确,"切实保障权益。按照'搬出地管理林和地、迁入地管理房和人'的基本思路,保障搬迁户在原集体

经济组织的耕地、林地承包经营权及相关权益。鼓励搬迁群众在自愿、有偿前提下,流转承包地、林地经营权,具体办法由省农业厅、省林业厅拟定。按照国务院《居住证暂行条例》规定,保障搬迁群众在迁入地平等享有基本养老、低保、就业、就医等社会保障和公民权利,公平参与基层组织建设,实现搬迁群众在新安置区的身份认同。"

11.《陕西省"十三五"易地扶贫搬迁工作实施方案》

根据《陕西省"十三五"易地扶贫搬迁工作实施方案》①,在土地保障政策方面,要"全面保障搬迁建房、基础设施、公共服务业项目用地。所有项目用地均应符合土地利用总体规划,并按权限先批后用。优先使用增减挂钩指标和存量建设用地,对贫困县实行节约用地指标省域范围内挂钩流转,增减挂钩收益优先用于县级购买易地扶贫搬迁服务,进行债务偿还;不足时,优先使用新增计划指标,参照保障房用地办法,建立绿色通道,快审快批快供。搬迁对象腾退宅基地继续执行我省(陕西省)《关于加大力度推进有条件的农村居民进城落户的意见》,按照我省(陕西省)现行相关标准和鼓励政策,予以补偿,有条件的地区可适当提高标准"。

12. 陕林计发〔2016〕148 号文件

文件明确:(1)加快推进集中连片特困地区退耕还林脱贫工程。有计划、有步骤地将特困区域 25 度以上陡坡耕地全部实施退耕还林,优先安排建档立卡贫困户退耕还林。到 2020 年,力争使连片特困地区建档立卡贫困人口户均拥有 2 亩退耕还林地。

(2)指导建档立卡贫困户科学经营退耕地,精准建设一批以山地苹果、核桃、花椒、茶叶、板栗、油用牡丹等为代表的优质高效经济林基地、木本油料基地和特色经济林基地。到 2020 年,努力使建档立卡贫困退耕人口人均拥有特色经济林面积达到 1 亩以上。

---

① 《陕西省"十三五"易地扶贫搬迁工作实施方案》,http://www.zgsxzs.com/view-5530163-1.html。

（二）甘肃

易地移民扶贫迁出区土地整治的相关政策,既包含在全省脱贫攻坚和易地扶贫的综合性政策文件之中,也有专门的关于迁出区土地整治、生态治理等方面的专项政策。

1. 脱贫攻坚综合政策

（1）《中共甘肃省委、甘肃省人民政府扎实推进精准扶贫工作的意见》

《中共甘肃省委、甘肃省人民政府扎实推进精准扶贫工作的意见》,关于易地扶贫搬迁及迁出区土地整治的有关政策包括:"建立易地扶贫搬迁用地手续办理审批绿色通道,允许利用城乡建设用地增减挂钩政策,将节余出来的建设用地指标在省内挂钩交易,解决部分搬迁资金。""加大天然林保护、三北防护林、退耕还林、退牧还草、自然保护区等生态工程建设对贫困地区倾斜的力度。支持具备条件的贫困县发展特色优质林果产业和林下经济,每年新建规模不等的标准化特色优质林果示范基地。"

（2）《中共甘肃省委 甘肃省人民政府关于打赢脱贫攻坚战三年行动的实施意见》

《中共甘肃省委 甘肃省人民政府关于打赢脱贫攻坚战三年行动的实施意见》,关于土地整治的相关政策包括:"优先安排并足额保障深度贫困地区产业发展、基础设施、易地扶贫搬迁、民生发展等用地,新增建设用地计划指标不足的可预支适用,由国土资源部门从全省计划中调剂解决。对深度贫困地区每县每年单列下达 1000 亩计划指标,对临夏州和甘南州每年各预留1000 亩计划指标。涉及深度贫困地区的省级以下基础设施、易地扶贫搬迁、民生发展等建设项目,确实难以避让永久基本农田的,可以纳入重大建设项目范围,视为已列入土地利用总体规划重点项目清单,由省级国土资源部门办理用地预审。""着力改善深度贫困地区发展条件……推进深度贫困地区……统筹实施农林土地综合整治和高标准农田建设。推进藏区退牧还草工程。加快祁连山生态保护和综合治理。实施贫困村提升工程,争取实现每个贫困村有基本完备的基础设施、有基本完善的公共服务、有稳定增收的特色。"

在加快推进易地扶贫搬迁部分,第三点明确,"严格执行'一户一宅,占新腾旧'规定,及时与搬迁群众签订旧宅基地腾退协议,积极推进旧房拆除、旧宅基地复垦和生态恢复工作,利用好土地增减挂钩政策。"

在加强生态扶贫部分,明确"实施生态扶贫工程项目,加大对贫困地区天然林保护工程建设支持力度。……坚持把实施退耕还林等林业重点工程与支持贫困地区发展特色林果产业结合起来,实现生态改善和脱贫双赢"。同时强调,"认真组织开展林业碳汇计量和检测,为贫困地区早日实现碳汇交易、开发利用碳汇资源打下坚实基础。"

(3)《中共甘肃省委办公厅 甘肃省人民政府办公厅关于印发〈甘肃省深度贫困地区脱贫攻坚实施方案〉的通知》

《中共甘肃省委办公厅 甘肃省人民政府办公厅关于印发〈甘肃省深度贫困地区脱贫攻坚实施方案〉的通知》在"鼓励深度贫困县区对'一方水土养不活一方人'的自然村实施整村搬迁,实现应搬尽搬。土地落实困难的深度贫困地区,允许采取货币化安置等措施,因地制宜选择搬迁安置方式。建立搬迁人口宅基地腾退拆除奖补机制。……确保实现搬迁一户、脱贫一户。"

在"实施生态扶贫行动,着力推进生态建设和脱贫攻坚互促互赢"部分,文件明确,"面向深度贫困地区招录贫困人口为草原管护员。落实牧区半牧区县草原生态保护补助奖励政策,切实提升贫困户生态建设的参与度和获得感。加强深度贫困地区水土保持小流域治理和梯田建设,土地开发整治项目和地质灾害恢复治理项目向深度贫困县区倾斜,优先安排项目和资金。"

(4)《中共甘肃省委办公厅 甘肃省人民政府办公厅关于印发〈全省贫困人口"两不愁三保障"冲刺清零工作总体方案〉的通知》

《中共甘肃省委办公厅 甘肃省人民政府办公厅关于印发〈全省贫困人口"两不愁三保障"冲刺清零工作总体方案〉的通知》,附件6《易地扶贫搬迁冲刺清零工作方案》中关于迁出区旧房拆除中存在的问题,明确指出,"部分县市区虽然与搬迁群众签订了旧房拆除协议,但工作中存在畏难情绪,没有制定旧房拆除和旧宅基地腾退复垦奖励办法和工作措施,工作进展缓慢,影响了下一步土地增减挂钩政策落实和效益发挥。共有 39 个县区'十三五'建档立卡搬迁群众旧房拆除率低于 30%,其中拆除率最低的 10 个县区依次为:华池县、舟曲县、民勤县、白银区、麦积区、环县、东乡县、甘谷县、平川区、靖远县。"针对存在的问题,实施的措施有:"一是按照'一户一宅'和'占新腾旧'要求,及时和搬迁群众签订拆旧复垦协议,结合实际制定具体拆旧方案,确保实现应拆尽拆。群众实际搬迁入住后,可适当预留一定的旧房拆除过渡期,为群众生产生活提供便利,过渡期原则上不超过 1 年。二是分类推进拆旧复垦工作,对必须拆旧复垦的抓紧进行拆旧复垦,对可以保留的旧房收归村集体所有。对于牧区(碌曲县、玛曲县、夏河县,不含自然保护区)游牧搬迁群众在积极承包草场修建的季节性、临时性生产用房(非宅基地),符合条件的可以保留。对于地质灾害隐患点和危险区范围内的旧房以及土地已经流转或已经实现就业的搬迁群众的旧房,应立即执行拆旧。确保 2019 年年底前'十三五'建档立卡贫困人口旧房拆除率达到 30%以上。"

《甘肃省脱贫攻坚领导小组关于印发〈甘肃省"两州一县"脱贫攻坚实施方案(2018—2020)〉》中,关于"易地扶贫方面"的支持政策包括:一是"省内调剂的易地扶贫搬迁指标优先安排给'两州一县',将争取国家新增的易地扶贫搬迁指标全部安排到'两州一县',力争实现需要搬迁的建档立卡农村人口应搬尽搬。"二是"对土地落实困难的县市,允许采取货币化安置等措施,因地制宜选择搬迁安置方式。建立搬迁人口宅基地腾退拆除奖补机制"。关于"生态扶贫方面"的支持政策包括:一是"实施退耕还林还草、生态护林员等生态扶贫项目,国家和省级下达的计划任务优先安排'两州一县'"。二是"对接落实国家支持政策,推进非基本农田范围内的 25 度以上坡耕地退耕还林还草,退耕还林每亩现金补助 1200 元,每亩种苗补助 400 元"。三是"加大生态护林员选聘力度,将生态护林员管护范围扩大到湿地、沙地及国家级森林公园和国有林场。面向'两州一县'招录贫困人口为草原管护员"。四是落实牧区半牧区县草原生态保护补助奖励政策。

（5）《甘肃省发展和改革委员会关于全面贯彻实施打赢脱贫攻坚战三年行动的通知》

《甘肃省发展和改革委员会关于全面贯彻实施打赢脱贫攻坚战三年行动的通知》是为了全面贯彻国家发展改革委《关于在全国发展改革系统贯彻实施打赢脱贫攻坚战三年行动的通知》精神和省委省政府《关于打赢脱贫攻坚战三年行动的实施意见》,落实省委省政府《〈关于打赢脱贫攻坚战三年行动的实施意见〉任务分解方案》,全省发展改革系统贯彻落实打好脱贫攻坚战三年行动,提出的具体要求。在"落实工作举措"的第一部分是"全力推进易地扶贫搬迁工作",第四条明确"积极推进旧房拆除和生态恢复工作,严格执行《土地管理法》'一户一宅,占新腾旧'规定,和搬迁群众签订旧宅基地腾退协议,积极稳步推进旧房拆除和生态恢复工作。利用易地扶贫搬迁项目资金建立宅基地复垦激励和约束机制,积极引导搬迁农户拆除原有房屋。在东西部扶贫协作和对口支援框架内开展土地增减挂钩节余指标跨省交易,充分释放增减挂钩政策的潜力,缓解易地扶贫搬迁资金还款压力。"

2. 易地扶贫搬迁综合政策

（1）《甘肃省人民政府关于加快推进"十三五"时期易地扶贫搬迁工作的意见》

《甘肃省人民政府关于加快推进"十三五"时期易地扶贫搬迁工作的意见》在"建设任务、资金筹措和补助标准"的第四条,即"旧宅基地复垦和迁出区生态恢复。搬迁群众须在搬迁后一年交还原有宅基地推进复垦,并通过实施退耕还林（草）、退牧还草等生态保护与建设工程,确保迁出区生态恢复"。

（2）《甘肃省人民政府办公厅关于印发〈甘肃省易地扶贫搬迁项目建设管理办法〉的通知》

《甘肃省人民政府办公厅关于印发〈甘肃省易地扶贫搬迁项目建设管理

办法〉的通知》在第六章"建设管理"部分第二十二条明确指出,"项目县市区政府是易地扶贫搬迁工程的责任主体和组织实施主体,负责开展搬迁对象宣传动员与审查确定、安置区选址、安置用地落实、实施方案编制、项目资金衔接等前期工作;推进项目实施,开展项目管理和资金监管,完成建设任务;做好土地和住房分配、迁出区生态修复和宅基地复垦、户籍迁移、子女入学、社会保障等相关工作"。可见,迁出区生态修复和宅基地复垦是易地扶贫搬迁项目建设和管理的重要内容。

(3)《甘肃省人民政府办公厅关于印发〈甘肃省"十三五"易地扶贫搬迁规划〉的通知》

《甘肃省人民政府办公厅关于印发〈甘肃省"十三五"易地扶贫搬迁规划〉的通知》,在"主要建设任务"的第四部分"土地整治和生态恢复"中明确指出,"通过平整土地、改良土壤、加强水利配套建设、提高水资源利用效率等方式,实施迁出区基本农田改造。开展旧宅基地复垦,增加有效耕地面积。加强迁出区生态修复和安置区生态环境治理,与退耕还林(草)、三北防护林建设、天然林保护、生态环境综合治理、地质灾害防治等工程相结合,改造耕地40万亩。新增及改善灌溉面积34.78万亩,宅基地复垦18.6万亩,完成迁出区生态恢复36.3万亩,确保迁出区水土流失得到有效治理,林草植被覆盖率显著提高,生态环境明显改善,安置区生态宜居,环境优美。"在资金安排上,"4.土地整治。估算总投资13.08亿元,其中:耕地改造平均每亩按1500元计算,估算投资6亿元;宅基地复垦平均每亩按1000元计算,估算投资1.86亿元;水利设施每亩按1500元计算,估算投资5.22亿元。""5.迁出区生态修复。迁出区生态环境恢复每亩按500元计算,估计投资1.82亿元。"

(4)《甘肃省发展和改革委员会关于印发支持深度贫困地区脱贫攻坚政策措施方案的通知》

《甘肃省发展和改革委员会关于印发支持深度贫困地区脱贫攻坚政策措施方案的通知》第三部分"支持政策"中,第二条明确"加快推进易地扶贫搬迁。省内调剂的易地扶贫搬迁指标优先保障深度贫困地区搬迁需求,做到'应搬尽搬'。鼓励引导'两州一县'对'一方水土养不活一方人'的自然村实施整村搬迁,在确保建档立卡搬迁户住房建设补助标准不降低、自筹标准不提高前提下,县级政府可统筹国家易地扶贫搬迁资金(中央预算内投资除外)等脱贫攻坚资金,用于支持边缘贫困户同步搬迁。边缘贫困户界定标准、补助标准、自筹标准等由县级政府制定,逐级上报批准后执行。允许'两州一县'按照不超过工程项目国家下达资金总额 2.5%的比例,列支安置区地质勘查、工程设计、招标投标、工程监理等前期工作费。鼓励深度贫困县使用易地扶贫搬迁后续发展资金成立后续扶持发展有限公司,建设扶贫车间,折股量化到建档立卡搬迁户。后续扶持发展有限公司统一负责土地流转等业务,带动搬迁群众实现就地就近就业。抓好旧房拆除、宅基地复垦和生态恢复工作,'两州一县'和 18 个深度贫困县易地扶贫搬迁拆旧复垦产生的增减挂钩节余指标,优先在省内安排交易,同时积极推进'两州一县'在东西部扶贫协作和对口支援框架内开展跨省交易。"

(5)《甘肃省发展和改革委员会关于印发〈易地扶贫搬迁巩固提升行动方案〉的通知》

《甘肃省发展和改革委员会关于印发〈易地扶贫搬迁巩固提升行动方案〉的通知》,关于迁出区进一步强调,"继续加大拆旧复垦复绿力度。按照'一户一宅、占新腾旧'规定,压实市县主体责任,进一步加大拆旧复垦复绿力度、对符合拆除条件的旧房,原则上在 2020 年 10 月底前全部拆除,收回土地使用权并对宅基地进行复垦或生态恢复;对符合保留条件的旧房,由县级政府严格审核并建立台账,进行统一规范管理。针对搬迁群众在集中安置点和迁出地'两头占'的问题,由市县根据各自实际提出务实、管用、有针对性的措施,开展差异化指导,通过在安置区培育吸纳就业量较大的产业、发展专业合作社等办法,拓展搬迁群众增收渠道,逐步解决这一问题。"

3. 迁出区土地整治专项政策

(1)《甘肃省发展和改革委员会 甘肃省国土资源厅关于印发〈甘肃省易

地扶贫搬迁旧房拆除和宅基地复垦工作实施意见〉的通知》

《甘肃省发展和改革委员会 甘肃省国土资源厅关于印发〈甘肃省易地扶贫搬迁旧房拆除和宅基地复垦工作实施意见〉的通知》是甘肃省发展改革委会同国土资源厅共同制定的,是为了进一步贯彻落实国家和甘肃省易地扶贫搬迁有关政策,推动易地扶贫搬迁旧房拆除、宅基地复垦和迁出区生态恢复,充分发挥城乡建设用地增减挂钩政策效应。该政策认为,易地扶贫搬迁旧房拆除和宅基地复垦复绿,对于运用城乡建设用地增减挂钩政策盘活土地资源、促进生态环境保护、筹集搬迁建设资金、缓解人地矛盾、改善生态环境、促进贫困地区经济社会可持续发展具有十分重要的意义。

在补助奖励上,对积极主动拆除旧房及附属设施并进行复垦的搬迁群众,由县市区政府结合搬迁户旧房质量、旧宅基地面积、复垦价值、复垦成本、拆除旧房时限等因素,对每户搬迁群众给予适当补助奖励,具体标准由县市区政府确定。奖励资金从各项目县市区易地扶贫搬迁专项资金中列支。

在分类实施上,一是对于旧房及宅基地拆除后复垦潜力大,复垦后满足农业生产条件的,要优先复垦为耕地。但有下列情形的不得纳入复垦耕地范围:(1)复垦后达不到《土地复垦质量控制标准》(TD/T1036—2013)要求的。(2)村中零星或狭长地块复垦后无法利用管护的。(3)独立地块复垦后达不到土地变更调查上图斑面积(小于600平方米)要求的。(4)复垦后不具备管护利用条件和不利于后期生产经营管理的。(5)其他不宜复垦为耕地的情形。二是不宜复垦为耕地的,因地制宜用作其他用途。群众搬迁后的原旧房及宅基地,经县级政府组织评估论证后,确实不宜复垦为耕地的,可分类处置。(1)用于生态修复。对于坡度大于25度、15—25度重要水源地、严重水土流失区、天然林保护区等生态环境脆弱地区,旧房拆除后可复垦为林地、草地,对迁出地的生态环境进行修复和保护。(2)用于特色农林开发。对于生态、地质环境良好但不宜复垦为耕地的,可根据当地产业发展特点,发展特色农林、花木、果园等。(3)用于文化旅游等开发。对于列入旅游区、民俗文化产业区范围内的以及文化底蕴深厚具有保护价值和其他开发用途的,可将原有旧房与乡村旅游、文化传承等相结合,进行保护和综合开发。

在指标交易上,按照中办国办《关于支持深度贫困地区脱贫攻坚的实施意见》《国土资源部关于进一步运用增减挂钩政策支持脱贫攻坚的通知》和甘肃省委省政府《深度贫困地区脱贫攻坚实施方案》等文件精神,将搬迁移民的旧房拆除、宅基地复垦,全部纳入城乡建设用地增减挂钩项目范围。58 个集中连片贫困县和 17 个插花型贫困县产生的增减挂钩节余建设用地指标,利用省公共资源交易平台在省域范围内进行交易;深度贫困地区增减挂钩节余指标可在东西部扶贫协作和对口支援框架内开展跨省交易,支持其他贫困地区与兰州市等用地指标紧张地区开展交易。增减挂钩(含节余指标收益)产生的收益全额缴入国库,优先用于偿还易地扶贫搬迁省级融资平台承接资金。

在保障措施上,一是加强组织领导。各项目县市区政府是易地扶贫搬迁旧房拆除和宅基地复垦的责任主体和实施主体。要建立政府领导、群众参与、部门协同、统筹推进的工作机制,切实把旧房拆除和宅基地复垦作为易地扶贫搬迁的重要内容,纳入易地扶贫搬迁工作考核体系。二是注重政策宣传。各项目县市区政府要加大政策宣传力度。三是明确职责分工。发展改革部门会同国土资源管理部门负责做好旧房拆除和宅基地复垦统筹协调工作,将易地扶贫搬迁群众的旧房拆除和宅基地复垦落实到具体地块,并对涉及群众安置、资金使用等提出具体意见;财政部门按照财政部《关于城乡建设用地增减挂钩试点有关财税政策问题的通知》,加强对增减挂钩项目资金的拨付使用和监督管理作用;国土资源管理部门负责编制《实施方案》、项目申报、节余指标交易、拆旧区复垦、年度使用资金预算申请等工作;其他有关部门要发挥职能作用,合理推进旧房拆除和宅基地复垦工作。四是做好后期管理。切实加强复垦后利用管护,对复垦后的耕地管护不力、出现荒芜闲置的,限期整改到位。鼓励各地结合实际,对旧房拆除复垦后的土地以及确需保留的旧房及宅基地等进行市场化经营,盘活迁出地资源,以资产收益等形式壮大集体经济。

（2）《关于印发〈甘肃省深度贫困地区脱贫攻坚生态扶贫实施方案〉的通知》

根据《中共甘肃省委办公厅 甘肃省人民政府办公厅关于印发〈甘肃省深度贫困地区脱贫攻坚实施方案〉的通知》精神，为做好深度贫困地区生态扶贫工作，省林业厅作为组长单位会同省委农工办、省国土厅、水利厅、环保厅、农牧厅等生态扶贫专职专责工作组成员单位，并编制和实施了《甘肃省深度贫困地区脱贫攻坚生态扶贫实施方案》。在该《方案》中，生态扶持项目主要有：（1）林业工程项目，包括生态护林员、退耕还林工程、林果产业发展等。（2）农牧业项目，包括新一轮草原生态补奖政策、退牧还草工程、退耕还草工程、已垦草原治理项目等。（3）农村环境整治项目。（4）水利水保项目，包括全国坡耕地水土流失综合治理工程、中央水利发展资金国家水土保持重点工程、水利部农业综合开发黄土高原塬面保护工程、病险淤地坝险加固工程等。（5）土地整治及地址灾害防治项目，包括土地整治项目、地质灾害防治项目等。（6）省级"千村美丽"示范村建设项目。在这项项目中，大部分可以在易地移民迁出区实施。比如，退耕还林工程，强调"大力实施退耕还林工程扶贫，增加贫困户退耕还林的政策性收入。目前，国家已同意实施新一轮退耕还林的耕地包括25度以上坡耕地和严重沙化耕地，我省重要水源地15—25度坡耕地和严重污染耕地正积极申请待国家正式批准后可组织实施，补助政策为每亩种苗造林费400元（第一年兑现），现金补助1200元（第一年500元、第三年300元、第五年400元），这对改善生态环境、调整种植结构、促进农民增收等具有重要作用。我省在新一轮退耕还林实施中，有85%的计划向贫困县、贫困乡、贫困村重点倾斜。2018—2020年，将根据国家下达的年度计划，重点向深度贫困地区倾斜安排工程建设任务。市州、县区林业主管部门在落实退耕还林任务时，要根据贫困群众意愿，争取对符合政策条件的深度贫困村任务安排全覆盖，对符合政策条件的贫困户优先纳入工程实施范围。再比如，"全国坡耕地水土流失综合治理工程"，强调"坡耕地是深度贫困地区耕地资源的重要组成部分，开展坡耕地水土流失综合治理，是有效治理水土流失，加强农业基础设施建设,改善山丘区群众生产生活条件的重要举措。省发改委、水利厅印发的《全国坡耕地水土流失综合治理甘肃省专项建设方案(2017—2020 年)》涉及我省 28 个县(区),其中深度贫困县(区)12 个。2017 年,项目在深度贫困县(区)下达新修梯田任务 7.71 万亩,下达投资 11562 万元。其中中央投资 9250 万元。2018—2020 年,该《方案》规划在 12 个深度贫困县(区)修梯田 3 万亩,配套田间道路等设施,规划总投资 3.37 亿元,其中中央预算内投资 2.7 亿元。项目年度国家投资计划下达后,对《方案》涉及县(区)在任务安排上予以倾斜支持"。再比如,在土地整治项目中强调,"在 58 个贫困片区县和 17 个插花贫困县的土地整治资金投入上予以倾斜,占全省土地整治资金总投入的 85% 以上。2017 年截至 10 月底已在深度贫困地区安排省级土地整治项目 44 个,投入资金 25600 万元。开展以田、水、路、林综合治理为主要内容的土地整治,完善农业基础设施、改善农田生态环境、提高耕地质量、增强粮食产能、促进农民增产增收。土地整治资金、项目安排,进一步向深度贫困地区倾斜,省留耕地开垦费、新增建设用地有偿使用费的 30%,重点支持深度贫困地区开展土地整治。改进土地整治项目资金管理。2018—2020 年,每年向深度贫困地区投入土地整治资金不少于 4 亿元。"

(3)《甘肃省林业厅关于〈中共甘肃省委 甘肃省人民政府关于打赢脱贫攻坚战三年行动的实施意见〉的落实方案》

《甘肃省林业厅关于〈中共甘肃省委 甘肃省人民政府关于打赢脱贫攻坚战三年行动的实施意见〉的落实方案》中关于易地移民扶贫迁出区土地整治的相关政策主要有:

第一,要"推进生态保护扶贫行动,摸清林业生态资源底数,抓住国家新增选聘生态护林员、草管员岗位的政策机遇,积极争取国家支持,扩大选聘生态护林员、草管员岗位规模"。在工作措施上,"在已明确生态护林员投资 3.15 亿元的基础上,按照生态扶贫和资源管护二者兼顾原则,对全省林业资源分布情况及管护情况进行核实,结合各地生态护林员的新增需求,科学测算各县生态护林员分配指标,并积极向国家林业和草原局、省财政厅汇报衔接,争取给我省安排更多的生态护林员名额,将更多的建档立卡贫困人口聘用为生态护林员实现精准脱贫。同时,会同财政、扶贫部门加强对补助资金发放和生态护林员的常态化监督管理,督促相关县市区组织开展生态护林员培训,提高护林员业务组织和管护能力,有效带动建档立卡贫困户增收脱贫"。

第二,要"鼓励有条件的县市区建立林业合作社(队),吸纳贫困人口参与造林、抚育、管护,推进贫困地区低产低效林提质增效工程"。工作措施包括:"一是鼓励有条件的县市区积极培育林业合作社(队)等新型林业经营主体,吸纳贫困人口参与造林、抚育、管护,充分发挥贫困群众在国土绿化建设中的重要作用。三是开展低产低效林提质增效工程,助推贫困地区经济增长和贫困人口稳定脱贫。"

第三,要"坚持把实施退耕还林等林业重点工程与支持贫困地区发展特色林果产业结合起来,实现生态改善和脱贫双赢"。在具体工作措施上,主要有:"一是认真落实领导责任制。坚持退耕还林各级政府负责制,进一步协调发改、林业、财政、国土多个部门共同加强退耕还林工作的监督。按国家政策要求,严格落实目标、任务、资金、责任到市、到县、到乡等管理责任制,切实将工程建设资金管理使用摆在重要位置,健全工作机制,及时研究解决工程建设中存在的问题。二是加强部门协调配合。退耕还林涉及部门多、范围广、要求高,要坚持问题导向,加强部门协作,按照省林业厅、发改委、财政厅、农牧厅、国土资源厅《关于推进全省新一轮退耕还林还草工程顺利实施的意见》要求,根据不同部门职责,进一步明确责任,完善项目监管和实施的长效机制,健全相关规章制度,堵塞管理漏洞。三是积极争取扩大建设任务。继续加强汇报衔接,积极争取扩大退耕还林规模,努力将贫困县区的退耕还林全部纳入国家计划,全力推动生态治理脱贫攻坚工作。四是切实提高工程建设质量。狠抓任务分配、作业计划、种苗招标、政策兑现等工程管理关键环节。进一步完善并推广使用《甘肃省退耕还林 MC 系统》,利用现代信息技术和地理信息技术,确保新一轮退耕还林地块精准定位,面积精确测算,退耕者精准到人,确保工程建设质量效益和精准管理。"

第四,"深化贫困地区集体林权制度改革,鼓励引导贫困人口将林地经营权、林木所有权、财政补助资金等入股林和合作社,增加贫困人口资产性收入。"主要工作措施,包括"深化贫困地区集体林权制度改革,认真贯彻落实国家林业和草原局《关于规范集体林权流转市场运行的意见》和《关于进一步放活集体林经营权的通知》,指导督促全省各级林业部门积极引导贫困承包农户在不改变林地用途的前提下,按照'依法、自愿、有偿'原则,采取出租、转包、互换、入股等方式流转林地经营权和林木所有权……让贫困农民从林权流转中获得流转收益……增加贫困农民财产性收入。"

第五,要"完善横向保护补偿机制,让保护生态的贫困县、贫困村、贫困户获得更多收益"。主要工作措施,包括"根据财政部《关于加快建立流域上下游横向生态保护补偿机制的指导意见》精神,结合我省横向生态保护补偿机制具体实施办法,进一步完善生态保护机制,让保护生态贫困地区和贫困人口获得更多收益,享受更大生态红利。同时按照国家林业局认定的公益林落界成果和《甘肃省中央财政林业改革发展资金管理办法实施细则》规定,依据深度贫困户公益林面积、国家补偿标准,将补偿资金足额兑付到户,维护林农切身利益,促进林农增收,助推贫困户脱贫。一是严格执行生态效益补偿政策。严格督促执行《甘肃省中央财政林业改革发展资金管理办法实施细则》的相关规定:集体和个人所有的公益林采取统一管护形式的,集体和个人经济补偿不低于管护补助支出的70%;采取自主管护形式的,集体和个人经济补偿不低于管护补助支出的90%。二是通过台账对点的方式加快资金兑付进度。积极响应扶贫攻坚的要求,对35个深度贫困县的建档立卡贫困户单独建立台账,督促兑付进度,确保足额兑付。三是以省级复查检查为抓手加强监管。天保工程省级复查和公益林省级检查工作中将生态效益补偿资金兑付作为重点检查内容,确保集体及个人所有公益林补偿政策全面落实,确保补偿资金通过'一册明、一折统'兑现到户"。

第六,要"结合建立国家公园体制,多渠道筹措资金,对生态核心区内的居民实施生态搬迁"。工作措施包括"配合相关部门做好国家公园体制建设,积极与国家林业和草原局、省发改委、省财政厅等部门衔接,争取更多国家公园建设项目资金,配合陇南市、酒泉市、张掖市、金昌市、武威市政府有序对国家公园甘肃片区核心保护区域的居民实施生态搬迁,助推公园内贫困人口按期脱贫"。

第七,"认真组织开展林业碳汇计量和监测,为贫困地区早日进行碳汇交易、开发利用林业碳汇资源打下坚实基础。"工作措施主要有:"一是认真做好碳汇计量监测工作,为林业碳汇项目开发利用提供科学依据。二是加强宣传和技术培训,不断提高省、市、县林业系统工作人员业务水平,提升林业碳汇计量和监测水平;正确引导社会公众认识林业增汇减排对于建设生态文明、应对气候变化、拓展发展空间的意义。三是以新造林、现有森林改造为抓手,在贫困地区积极储备林业碳汇项目,为贫困地区早日进行碳汇交易、开发利用林业碳汇资源打下基础。"

(4)《甘肃省建档立卡贫困人口生态护林员管理细则(暂行)》

为进一步加强和规范建档立卡贫困人口生态护林员(以下简称"生态护林员")管理,确保林业资源得到有效管护和聘用的生态护林员稳定脱贫,根据《国家林业和草原局办公室、财政部办公厅、国务院扶贫办综合司关于开展2019年建档立卡贫困人口生态护林员选聘工作的通知》,甘肃省林业和草原局、甘肃省财政厅、甘肃省扶贫开发办公室联合制定了《甘肃省建档立卡贫困人口生态护林员管理细则(暂行)》。对于生态护林员选聘(续聘)、解聘及管护职责(包括选聘条件、选聘程序、劳务关系、解聘情况、生态护林员职责等)、部门职责与分工、保障管理等做了明确要求。

(三)宁夏

1.《宁夏"十三五"易地扶贫搬迁规划》

《宁夏"十三五"易地扶贫搬迁规划》对迁出区土地的相关政策有三个方面,一是对迁出区原有建设用地(包括宅基地、集体经营性建设用地、生产设施用地等)复垦整治工作,对于没有保护价值的房屋及附属建筑等进行拆除,对路面、厂区、村落等硬化部分进行铲除,对全村及周边地区建筑垃圾进行全面有效清运或深埋,将其恢复为农用地。二是在基本农田和耕地保有量确保不减少、质量不降低的前提下,迁出区土地将在搬迁群众迁出之后收回,并用于生态恢复,并结合国家级防沙治沙示范区、退牧还草、退耕还林、天然林资源保护等国家和自治区重点生态项目建设,采取"封、造、育、管"相结合的措施,对宅基地和原有坡耕地进行生态恢复。三是县内就近安置、劳务移民安置、小规模开发土地安置区所新增建设用地,按城乡建设用地增减挂钩政策项目解决;对小规模开发土地安置区、插花安置所需耕地以及相应的宅基地进行土地权属处置。

2.《关于加强生态移民迁出区生态修复与建设的意见》

《关于加强生态移民迁出区生态修复与建设的意见》是宁夏回族自治区人民政府于 2013 年 10 月为了切实加强生态移民迁出区生态修复与建设,确保实现移民一片、生态恢复一片的目标而出台的专门意见和支持政策。在该意见中,关于迁出区土地的相关政策内容主要包括:一是严格确定土地权属和用途,明确"对生态移民迁出区土地全部收归国有,由县级人民政府统一管理"。二是严格土地用途管制,明确"土地使用必须符合国家和自治区各项土地法规和政策,严禁将耕地变为建设用地,严禁在移民迁出区进行工业建设和任何破坏生态环境的开发活动"。三是分类探索创新管理模式,主要有"对集中连片、规模较大的移民迁出区,靠近自然保护区、国有林场的,原则上整体划归自然保护区或国有林场管理";"距自然保护区和国有林场较远的,经自治区编办和林业局审批同意,可组建新的国有林场,或建立工作站,工作人员由移民迁出区原撤并乡(镇)工作人员充当,原则上不再额外增加编制";"各移民迁出县(区)对迁出区土地要明确管护主体,落实管护措施。对省际交界区域和生态破坏严重的区域要采取围栏封育的方式加以管护"。四是在具体政策措施上,包括"对移民迁出区'四旁'林木给予补偿""落实退耕还林、退牧还草等相关政策。对在原居住地享受退耕还林、退牧还草政策的搬迁农户,按政策规定继续享受国家退耕还林、退牧还草等政策,直至各项政策结束"。

六、政策统筹与实施

关于易地移民扶贫迁出区土地整治的政策既涵盖中共中央国务院和省区市出台的综合性扶贫政策,也有中央及各省相关职能部门出台的专项支持政策,政策类型多样、涉及范围广泛,各地在具体实施过程中,亟须根据区域自然条件和实际情况,统筹各类、各层级政策,以寻求最大程度的政策支持,更好推进迁出区土地整治。

(一)政策资金统筹

围绕迁出区土地综合整治,政策资金统筹的主要方式有:一是城乡建设用地增减挂钩、高标准农田建设、城镇低效用地再开发、工矿废弃地复垦利用、生态修复与保护等政策手段进行整合统筹,发挥政策组合的整体效应,整体推进山水林田湖草综合整治;二是加强资金整合,以迁出区土地整治为载体,统筹和盘活用于农业土地开发的土地出让金收入、退耕还林还草资金、新增建设用地土地有偿使用费、耕地开垦费和土地复垦费等,提高各类资金综合效益。

(二)鼓励和引导社会资本参与迁出区土地综合整治

鉴于迁出区生态环境的脆弱性、土地类型的多样性、土地开发基础的复杂性、土地整治类型的复合型等,单纯由政府或者搬迁移民个人都很难盘活迁出区土地资源和实现生态恢复与保护的目标,需要政府引导和推动迁出区的土地综合整治工作,并鼓励和引导社会资本参与迁出区土地综合整治。一是拓宽耕地占补平衡渠道,加大土地整治与增减挂钩力度。二是充分调动地方政府和社会各界参与农村土地整治与高标准农田建设的积极性,有效建立高标准农田建设奖补机制。三是鼓励政府和社会资本合作模式(PPP)参与土地整治。四是支持农民或农村集体经济组织自主开展土地整治,提高土地利用效率。五是鼓励家庭农场、农民合作社等新型经营主体投资农村全域土地整治和农用地整理;完善机制,拓宽土地整治投资渠道与回报机制,推进土地整治工作。

(三)创新土地整治机制

一是探索市场化推进土地整治的体制机制,形成以政府资金为引导,吸引社会资金投入,以建立多元化、多渠道的迁出区土地整治投融资体系。二是推进市场化运作,建立健全社会资本准入与退出迁出区土地整治的体制和机制。三是加强市场运作监管,规范市场服务,保障市场健康发展。四是建立健全公众参与迁出区土地整治的体制机制。

(四)完善迁出区土地整治规划体系

一是进一步加强对迁出区土地资源现状调查、土地权属确定与调整等工作,为迁出区土地整治规划编制奠定基础。二是从国家国土空间开发总体战略出发,统筹区域生态、生产、生活空间格局优化,整体谋划和协调推进迁出区土地综合整治。三是遵循国土空间规划、主体功能区规划、全国土地整治规划等上位规划要求,因地制宜编制迁出区土地整治规划。

(五)推进迁出区土地整治有效实施

一是严格实施迁出区土地综合整治规划。二是依托土地资源监管系统,建设易地移民扶贫迁出区土地整治现状与规划数据库,将土地整治实践与规划成果数据及时入库,进行信息化管理。三是迁出区土地整治项目申请、立项、审批、建设、管理、验收等必须依据土地整治规划。四是实行规划实施中期、终期及定期监督评估制度,确保规划有效实施。五是依托国土资源综合监管平台和遥感监测"一张图",将建成的生态功能区、林地草地、高标准农田等统一上图入库,实行统一的考核监管。

第七章　陕甘宁易地移民扶贫迁出区
土地整治的实证考察

　　易地移民扶贫迁出区土地整治是一项系统性、综合性、区域性都很强的工作。为了整体把握迁出区土地整治必要性、重点领域和推进路径,需要以典型区域为样本,系统考察迁出区土地整治的现实背景、自然条件与发展需求、精准扶贫基本情况、易地移民搬迁扶贫总体情况,在此基础上,再重点考察迁出区土地整治的自然空间类型、土地整治的模式、典型的土地整治项目及其成效等,从而既见"树木",又见"森林",综合把握迁出区土地整治的整体情况。

一、陕　西　考　察

　　"十三五"以来,陕西完成 24.9 万户 84.4 万人的易地扶贫搬迁,加上同步搬迁 15.9 万户 53.9 万人,共计搬迁 40.8 万户 138 万人。这一搬迁安置成果,占到陕西建档立卡贫困人口 30%,接近全国易地扶贫搬迁总量 10%①。

　　"十三五"时期,陕西自然资源工作成效显著。全省落实最严格的耕地保护制度,耕地保护目标任务、易地扶贫搬迁安置房建设及旧房腾退复垦任务全面完成,旧宅基地腾退率 100%;流转易地扶贫搬迁增减挂钩指标 7.7 万亩,调剂资金 217.8 亿元,有力支撑了全省脱贫攻坚大局。

　　在易地搬迁工作部署安排上,陕西省以易地扶贫搬迁为政策依托和实施

---

① 《陕西省易地扶贫搬迁纪实》,今日陕西—陕西大型综合性门户网站(shaanxitoday.com)。

载体,统筹推进扶贫搬迁、生态搬迁与避灾搬迁等同步进行。

通过易地扶贫搬迁,更加集约节约利用土地资源。陕西在推行易地扶贫搬迁过程中,对搬迁移民的安置是以集中安置为主,特别是鼓励搬迁移民进入城镇和社区,实现生产生活方式的根本性转变,也实现了土地集约节约利用。根据相关统计资料,陕西省搬迁移民集中安置率达到了91%,其中在城镇或园区安置的占73%,对于基础设施、公共服务设施等资源配置、住宅建设、公共服务的集中、统一供给,在成本降低、效率提升等方面都有重要意义。

通过易地扶贫搬迁,国土空间开发格局更加合理。移民搬迁后,旧宅基地腾退及实施复垦复绿的土地6.69万亩。陕西省以此为契机,结合全域土地综合整治等措施,进一步优化农业空间、生态空间、城市空间布局结构,建设主体功能区格局,实现国土空间开发格局优化。

通过易地搬迁,地质灾害防治得到增强。五年来,陕西省地质灾害年均发生数量下降了56%,年均死亡人数下降了67%,年均经济损失下降了72%。10年来陕西省共有67万群众通过搬迁摆脱灾害威胁[①]。

二、甘 肃 考 察

(一)总体情况

易地扶贫搬迁自2001年实施以来,甘肃是最早开展并被国家发展改革委试点省份之一。在国家政策和各地州市共同努力下,甘肃在2001年至2015年期间累计搬迁贫困人口22.4万户111.6万人。"十三五"时期,甘肃延续艰苦奋斗作风,坚持高标准谋划,高要求推进,举全省之力,顺利完成易地扶贫搬迁各项建设任务。通过易地扶贫搬迁,在党委政府和社会各界帮助和支持下,

---

① 《陕西省五年完成易地扶贫搬迁24.93万户》,今日陕西—陕西大型综合性门户网站(shaanxitoday.com)。

搬迁移民搬出了大山、离开了艰苦恶劣的环境,奔向幸福生活。同时,移民迁出区通过土地整治与生态恢复,自然生态价值日益彰显。

围绕迁出区拆旧复垦和"生态怎么护"的问题,甘肃省研究出台了《甘肃省易地扶贫搬迁旧房拆除及宅基地复垦工作实施意见》,督促县市区严格执行《土地管理法》"一户一宅,占新腾旧"的规定,稳步推进拆旧复垦和生态恢复工作。群众搬迁后的旧房及宅基地拆除后复耕潜力大,复垦后满足农业生产条件的,优先复垦为耕地;确实不宜复垦为耕地的,可用于生态修复、特色农林和文化旅游等开发。同时,将易地扶贫搬迁群众的旧房拆除、宅基地复垦全部纳入城乡建设用地增减挂钩项目范围。58 个集中连片贫困县和 17 个插花型贫困县产生的增减挂钩节余建设用地指标,利用省公共资源交易平台在全省范围内进行交易;深度贫困地区增减挂钩节余指标在东西部扶贫协作和对口支援框架内开展跨省交易。截至 2020 年 6 月底,已拆除旧房 9 万套,占应拆旧房的 95% 以上。天水市秦州区通过组建合作社代种、代养、代销等方式,帮助搬迁群众经营管理原居住地果树等,有效解决了"两头跑"问题。张掖市临泽县按照先易后难、分步实施的方式,做到"能拆快拆、应拆尽拆、鼓励自拆",大力宣传拆旧复垦相关政策,提高搬迁群众政策知晓率,调动搬迁群众"拆旧复垦"主动性。

土地整治成效。易地扶贫搬迁有效保护了迁出区生态环境。易地扶贫搬迁区域大多生产方式落后,甚至毁林开耕,致使水土流失和水旱灾害频繁,土地退化严重。甘肃省严格落实"一户一宅、占新腾旧"规定,扎实推进旧房拆除及生态恢复工作,群众搬迁后的旧房及宅基地拆除后复耕潜力大,复垦后满足农业生产条件的,优先复垦为耕地;确实不宜复垦为耕地的,用于生态修复、特色农林和文化旅游等开发。同时,对迁出区大力实施封山育林、退耕还林、退牧还草工程,通过宅基地整治复绿、人工促进、天然更新等措施,全面恢复林草植被,提升水源涵养功能,促进生态良性循环,有效地促进了迁出区域的生态恢复、建设和保护。

(二)甘肃省庆阳市考察

1.庆阳市概况

庆阳市地处陇东黄土高原,属黄河中游多沙粗沙区,境内沟壑纵横,丘陵起伏,地形地貌复杂,东部为子午岭低山丘陵林区,北部为黄土丘陵沟壑区第五副区,南部为黄土高原沟壑区以及黄土高原丘陵沟壑区的第二副区,总体上的地形地貌特征是沟、峁、梁相间,山、川、塬兼有,是我国黄土地貌发育最为典型、分布广泛的地区之一。2019年底,庆阳市常住人口227.8万人,GDP742.94亿元,一般公共预算收入58.64亿元,大口径财政收入170.43亿元,社会消费品零售总额182.21亿元,城镇化率39.92%,城镇和农村居民人均可支配收入分别为32107元和9686元。(见表7-1)

表7-1 2019年庆阳市及各县区经济发展主要指标

地区	常住人口(万人)	GDP(亿元)	大口径财政收入(亿元)	一般公共预算收入(亿元)	社会消费品零售总额(亿元)	城镇化率(%)	城镇居民人均可支配收入(元)	农村居民人均可支配收入(元)
庆阳市	227.88	742.94	170.43	58.64	182.21	39.92	32107	9686
西峰区	37.68	239.54	20.47	10.11	75.23	62.37	33699	10884
庆城县	27.14	76.07	8.90	4.30	16.97	45.36	32115	9369
环 县	31.47	113.37	7.58	4.26	16.46	30.60	31731	9280
华池县	13.50	96.96	4.55	3.00	8.22	37.85	33094	9308
合水县	15.50	58.64	2.70	1.61	9.49	38.97	31058	9528
正宁县	18.56	23.57	2.59	1.51	11.41	38.74	30494	10550
宁 县	41.42	57.27	3.50	1.98	22.14	32.09	31927	9636
镇原县	42.61	77.53	3.68	2.49	22.28	32.64	30739	9423

资料来源:根据实地调研资料和地方政府职能部门提供资料整理制作。

2.庆阳市减贫成效

近年来,庆阳市紧盯60.62万建档立卡贫困人口脱贫、570个贫困村出列、8县区摘帽目标任务,坚持问题导向,紧扣脱贫标准,尽锐出战,攻坚克难,推动脱贫攻坚取得决定性进展。2014—2019年,全市累计净减贫59.12万人、退出贫困村542个,97.5%的贫困人口实现了稳定脱贫,95.1%的贫困村光荣出列,贫困发生率由26.49%降至0.64%,低于全省0.26个百分点,西峰、正宁、华池、庆城、合水、宁县、环县7个县区历史性地实现了脱贫摘帽,区域性整体贫困问题基本解决。

表7-2　2013—2019年庆阳市精准脱贫情况

	当年贫困人口减少(万人)	年底贫困人口(万人)	贫困发生率(%)
2013年	14.23	60.62	26.49
2014年	12.67	47.79	20.81
2015年	19.11	29.49	12.84
2016年	6.15	28.15	12.23
2017年	6.67	21.48	9.25
2018年	8.70	12.78	5.51
2019年	11.28	1.50	0.64

备注:计算贫困发生率,农业人口采用2014年底农业户籍人口。
资料来源:调研时由地方政府职能部门提供并整理制作。

3. 庆阳市易地移民搬迁及其成效

易地移民扶贫,是庆阳市近年来针对"一方水土养育不了一方人"地区贫困群众的有效举措。2012—2019年,庆阳市搬迁贫困群众28332户、128124人,其中,在城镇产业园区、郊区安置的贫困户5663户、25033人,在条件较好农村安置的贫困群众22669户、103091人;西峰区易地移民扶贫搬迁贫困群众394户、1773人;庆城县易地移民扶贫搬迁贫困群众1967户、8914人;环县易地移民扶贫搬迁贫困群众6777户、31862人;华池县易地移民扶贫搬迁贫困群众2625户、11615人;合水县易地移民扶贫搬迁贫困群众2649户、12295人;正宁县易地移民扶贫搬迁贫困群众980户、3855人;宁县易地移民扶贫搬迁贫困群众6778户、29746人;镇原县易地移民扶贫搬迁贫困群众6162户、28064人(见表7-3)。

表7-3　2012—2019年庆阳市及各县区易地搬迁扶贫工作情况表

地区	易地扶贫搬迁		易地扶贫搬迁安置			
	总户数（户）	总人口（人）	城镇安置		农村安置	
			户数（户）	人口（人）	户数（户）	人口（人）
庆阳市	28332	128124	5663	25033	22669	103091
西峰区	394	1773	6	26	388	1747
庆城县	1967	8914	—	—	1967	8914
环　县	6777	31862	1574	7725	5203	24137
华池县	2625	11615	1821	7833	804	3782
合水县	2649	12295	171	707	2478	11588
正宁县	980	3855	143	463	837	3392
宁　县	6778	29746	—	—	6778	29746
镇原县	6162	28064	1948	8279	4214	19785

资料来源：根据实地调研资料和地方政府职能部门提供资料整理制作。

通过实施易地移民扶贫搬迁工程,搬迁群众、迁入城镇、迁入农村及迁出区生态环境保护,都有直接的经济、社会和生态综合效益。

一是搬迁群众生产生活条件明显改善。2012—2019年,庆阳市及其各县区针对"一方水土养不起一方人"地方的贫困户实施搬迁安置,搬迁群众从居住分散、行路难、吃水难、上学难、就医难的偏远山区搬到了基础设施和公共服务设施相对配套齐全的中心村或城镇,住上了宽敞、安全的安置新房,各项配套设施满足了基本生活需要,幸福感、获得感显著增强。

二是后续产业培育初步形成。通过充分利用建档立卡搬迁贫困户到户产业扶持资金和易地扶贫搬迁项目结余资金,依托安置区以及周边自然资源禀赋条件,因地制宜积极培育和大力发展特色种养业、光伏扶贫产业、农副产品加工业、家庭手工业、乡村旅游业、乡村物流、农村电商、家政服务等产业,努力解决贫困搬迁群众"靠什么脱贫"问题,适合搬迁户的产业发展方式基本形成。至2020年底,全市14554户建档立卡搬迁户逐户建立了产业发展台账,除24户整户死亡、迁出等特殊情况户外,实有14530户已落实产业扶持14529

户,其余1户因服刑无法落实产业。

三是搬迁群众就业观念得到转变。各县区结合当地搬迁群众就业需求,在大型安置点开辟生产经营场地,积极打造把握市场需求准、经济效益好、带动作用大的种植养殖设施、扶贫车间,为易地扶贫搬迁贫困群众就近就地就业提供了保障。同时,在安置区附近实施的政府投资建设项目,服务安置区的社会管理、公共服务和公益性岗位,优先吸纳有就业意愿的搬迁贫困劳动力。把道路维护、保洁、绿化、公共安全管理、公益设施管理等乡村公共服务工作,优先安排给符合条件的搬迁困难群体家庭成员。如环县晟骅尚品服装有限责任公司入驻南湫乡扶贫车间后,配置平缝机、锁边机、双针机、钉扣机等机械及配套设施120余台,吸收当地工人60人,主要从事服装的裁剪、缝制、整理工作,前期车间总投资100万元,预计年生产量2.5万套以上,年产值260万元以上,可实现人均月收入2000元以上。华池县按照"公司+扶贫车间+农户"的模式,协调甘肃恒烽中药材加工厂、甘肃新景越(服装加工)商贸有限公司等扶贫车间吸纳建档立卡搬迁人口115人,年人均收入超过2万元。

四是农村生态环境得到改善。目前,全市"十三五"时期易地扶贫搬迁应拆旧房4797户(套),已完成拆旧4797户(套),拆旧率100%。通过实施易地搬迁拆旧复垦复绿,全市农村耕地面积得到了巩固,植被得到了恢复,生态面貌得到了改善。同时,迁出区旧宅基地复垦复绿和安置区新型城镇化建设的同步推进,有力促进了搬迁群众社会融入,基本实现了脱贫致富与生态建设的"双赢"。

4. 庆阳市易地移民迁出区土地腾出及其整治

2012—2019年期间,庆阳市通过易地移民扶贫搬迁,在移民迁出区共腾出土地10626.29亩,其中宅基地7194.02亩、耕地1947.57亩、林地1005.06亩、其他土地479.64亩;西峰区易地移民迁出区腾出土地567.5亩,其中宅基地149.2亩、耕地393.3亩、其他土地25亩;庆城县易地移民扶贫迁出区腾出土地1472.8亩,其中宅基地1472.8亩;环县易地移民扶贫迁出区腾出土地2139.5亩,其中宅基地1711.6亩、其他土地427.9亩;华池县易地移民扶贫迁

出区腾出土地 65.20 亩,其中主要是宅基地,共 65.20 亩;宁县易地移民扶贫
迁出区腾出土地 1985.35 亩,其中宅基地 1587.34 亩、林地 398.01 亩;镇原县
易地移民扶贫迁出区腾出土地 3249.80 亩,其中腾出宅基地 1292.88 亩、
1479.45 亩、林地 450.73 亩、其他土地 26.74 亩(见表 7-4)。

表 7-4　2012—2019 年庆阳市及各县区易地扶贫迁出区腾出土地情况

地区	腾出土地（亩）	其　中			
		宅基地（亩）	耕地（亩）	林地（亩）	其他土地（亩）
庆阳市	10626.29	7194.02	1947.57	1005.06	479.64
西峰区	567.50	149.20	393.30	—	25.00
庆城县	1472.80	1472.80	—	—	—
环　县	2139.50	1711.60	—	—	427.90
华池县	65.20	65.20	—	—	—
合水县	1146.14	915.00	74.82	156.32	—
宁　县	1985.35	1587.34	—	398.01	—
镇原县	3249.80	1292.88	1479.45	450.73	26.74

资料来源:根据实地调研资料和地方政府职能部门提供资料整理制作。

　　根据《土地管理法》"一户一宅,占新腾旧"的规定,以及甘肃省研究出台
的《甘肃省易地扶贫搬迁旧房拆除及宅基地复垦工作实施意见》,庆阳市对易
地移民扶贫迁出区腾出土地进行了因地制宜、因时制宜的有效整治。2012—
2019 年,庆阳市在易地移民扶贫迁出区土地整治共计 10626.29 亩,其中宅基
地复垦 5532.34 亩、生态绿化 4994.13 亩、原有耕地高标准农田建设改造
74.82 亩、其他 25 亩;西峰区易地移民扶贫迁出区土地整治共计 567.5 亩,其
中宅基地复垦 149.2 亩、生态绿化 393.3 亩、其他 25 亩;庆城县易地移民扶贫
迁出区实施土地整治 1472.8 亩,其中宅基地复垦 78 亩、生态绿化 1394.8 亩;
环县易地移民扶贫迁出区实施土地整治 2139.5 亩,其中宅基地复垦 1711.6
亩、生态绿化 427.9 亩;华池县易地移民扶贫迁出区实施土地整治 65.2 亩,其
中宅基地复垦 18.8 亩、生态绿化 46.4 亩;合水县易地移民扶贫迁出区实施土

地整治 1146.14 亩,其中宅基地复垦 915 亩、生态绿化 156.32 亩、原有耕地高标准农田建设 74.82 亩;宁县易地移民扶贫迁出区实施土地整治 1985.35 亩,其中宅基地复垦 1587.34 亩、生态绿化 398.01 亩;镇原县易地移民扶贫迁出区实施土地整治 3249.8 亩,其中宅基地复垦 1072.4 亩、生态绿化 2177.4 亩(见表 7-5)。

表 7-5　2012—2019 年庆阳市及各县区易地扶贫迁出区土地整治情况

| 地区 | 土地整治
(亩) | 其　　中 | | | |
		宅基地复垦 (亩)	生态绿化 (亩)	原有耕地高标准 (亩)	其他 (亩)
庆阳市	10626.29	5532.34	4994.13	74.82	25
西峰区	567.5	149.2	393.3	—	25
庆城县	1472.8	78	1394.8	—	—
环　县	2139.5	1711.6	427.9	—	—
华池县	65.2	18.8	46.4	—	—
合水县	1146.14	915	156.32	74.82	—
宁　县	1985.35	1587.34	398.01	—	—
镇原县	3249.8	1072.4	2177.4	—	—

资料来源:根据实地调研资料和地方政府职能部门提供资料整理制作。

(三)甘肃省庆阳市镇原县考察

1. 镇原县及其脱贫攻坚概况

镇原县,位于黄土高原,甘肃省东部,庆阳市西南部,共辖 13 镇 6 乡,总土地面积 3500 平方公里。总人口 55 万人,其中农业人口 49.38 万人,是典型的人口大县、农业大县和革命老区县,也是全国 52 个未摘帽贫困县和甘肃中东部 18 个干旱县之一。自然条件严酷、基础建设滞后、贫困人口多、贫困程度深是镇原的基本县情,用群众的话说,就是穷在“天”、困在“路”、贫在“人”、弱在“穷”。2013 年底,全县贫困发生率 36.21%,贫困人口主要分布在 120 个贫困村,贫困人口 4.23 万户 17.23 万人。

尽管面临基础条件差、脱贫难度大、债务包袱重等诸多困难,但镇原县围绕"两不愁三保障"目标要求,紧盯深度贫困乡村具体实际和现实困难,全力决战脱贫攻坚,努力改变贫困面貌,2014—2019 年,稳定脱贫 3.9 万余户、15.95 万人,退出 107 个贫困村。2019 年底,还有 3195 户 8570 人、13 个贫困村处于贫困线以下,贫困发生率降为 1.75%。

2. 镇原县易地移民扶贫

易地搬迁扶贫是镇原县重要的精准扶贫举措。2012—2019 年,镇原县以"搬得出、稳得住、能致富"为目标,稳步推进 6162 户 2.81 万人实施易地扶贫搬迁,实现了"挪穷窝、改穷业、拔穷根、换穷貌"的目标。

3. 镇原县易地移民扶贫迁出区土地整治举措

2012—2019 年,镇原县通过易地移民扶贫,迁出区共腾出土地 3249.8 亩,其中宅基地 1292.88 亩,耕地 1479.45 亩,林地 450.73 亩,其他土地 26.74 亩。对于这些腾出土地,镇原县全部进行了整治或者生态恢复,其中,宅基地复垦 1072.4 亩,生态绿化 2177.4 亩。

在实际工作中,镇原县的土地整治不仅仅限于易地移民扶贫迁出区,而是在全县范围内,开展土地综合整治工作。

一是依托土地增减挂钩项目有序推进土地整治。从 2017 年开始到 2019 年底,全县共完成增减挂钩复垦面积 3 万亩,将全县 4079 户易地搬迁户和 1.24 万户(处)闲置的废弃学校、村委会院部、老旧宅基地或村社老院,总面积 4.25 万亩建设用地全部纳入复垦范围,一户不落地予以整理,实现了项目实施与盘活资源的"双赢"目标。全面推进矿山企业环境恢复综合整治工作,强力推进矿山环境恢复治理和绿色矿山建设。与 54 家非煤矿山企业签订了《镇原县矿山地质环境治理恢复基金专项资金监管协议》,34 家矿山企业已设立了恢复治理基金专户。督促 35 家矿山企业安装了远程监管系统。依法关停取缔违法违规矿山。通过逐户排查,共发现安全隐患 82 条,下发《责令限期整改通知书》36 份,现停产整顿企业 4 家。推进国土综合整治和生态修复。按照"先补后占、占一补一、占优补优"的原则,以耕地面积增加、耕地质量提高、生态环境改善为目标,挂钩落实占补平衡监管系统,全面加强土地整治项目实施管理。

二是推进林业和草原造林绿化工作,不断夯实生态建设基础。持续推进苗林结合培育。自2014年以来,镇原县围绕绿化造林累计投资2.7亿元,完成栽植各类苗木1.5亿株,造林绿化93.03万亩;同时,组织并建成义务植树基地1.6万亩,义务植树472万株。不断加强草地建设,自2017年以来,每年完成天然林保护区内公益林管护63.99万亩、天然林保护区以外公益林管护51万亩。

三是加强生态环境保护工作。坚持问题导向,深入推进污染防治。大气污染防治,土壤污染防治有序推进,水污染防治成效明显,加快推进城乡污水处理厂和巴家咀水库饮用水源保护区规范化建设,严格落实河长制,突出抓好县内流域水体达标治理,着力减少县域三条河流的排污量。加强执法监管,严查环境违法行为,自2017年以来,共处罚生态环境违法案件55起。

四是狠抓水土保持工作。共计落实项目资金4亿多元,先后组织实施了黄土高原水土保持二期世行贷款项目,黄河水土保持生态工程蒲河一期、二期工程,小流域坝系工程项目,清水河生态修复试点工程、全国坡耕地水土流失综合治理、国家重点水土保持综合治理工程和病险淤地坝除险加固工程等一系列大、中型水土保持项目。

4.镇原县易地移民扶贫迁出区土地整治成效

土地增减挂钩项目交易资金除用于前期复垦费用外,剩余全部用于脱贫攻坚,先后投入7.72亿元,实施安全饮水、危房改造、易地搬迁等项目,解决了2.89万人吃水、住房、行路、看病等难题;先后实施易地扶贫搬迁4081户,现已完成拆旧复垦1298户,完成生态修复(复绿)2215户。大力培育富民产业,带动全县种植万寿菊7.33万亩、中药材10万亩、瓜菜23万亩、小杂粮20万亩,肉羊、肉牛、生猪、肉兔、肉鸡饲养量分别达到82.6万只、23.2万头、18.3万头、82.2万只、2100万羽,带动32万农民人均增收4690元,特色产业收入占到农民人均纯收入的51%以上。总体上,确保贫困群众"家家有致富产业、户户有增收门路"。同时,利用部分资金同步推进生态治理、基础设施建设、耕地保护等项目,切实提高资金使用效益。

(四)甘肃武威市古浪县考察

1.古浪县情概况

古浪县是国家六盘山集中连片特困地区,是甘肃 58 个贫困县之一,也是甘肃 23 个深度贫困县之一。全县总面积 5046 平方公里,地处河西走廊东端,祁连山北麓,腾格里沙漠南缘,辖 4 乡 15 镇 1 个街道 251 个村(居)委会,常住人口 38.89 万人,其中农业人口 35.28 万人。新一轮扶贫开发以来,古浪县积极践行党和国家相关政策,在甘肃省委省政府、武威市委市政府的坚强领导下,坚持以脱贫攻坚统揽经济社会发展全局,牢牢守住脱贫攻坚和生态保护两大底线,全力抓好易地搬迁、产业富民和生态建设三个重点,城乡面貌焕然一新,群众生活得到根本改善,脱贫攻坚取得了历史性重大成就。2020 年 2 月 28 日,经甘肃省政府批准,全县实现整体脱贫退出。

2.古浪县贫困人口基本情况

古浪县地势南高北低,南部为祁连山高深山区,中部为浅山干旱区和北部为沿沙区,全县山、川、沙各占三分之一。南部山区 7 个乡镇位于祁连山国家级自然保护区外围,水土流失面积达 470 多万亩,北部风沙线长达 132 公里,有重点风沙口 20 多个,沙化面积 238.9 万亩,是全国荒漠化重点监测县。贫困人口集中分布在南部祁连山高深山区、浅山干旱区和北部沿沙区,特别是南部高海拔山区山大沟深,气候恶劣,农业基础条件薄弱、产业结构单一、生产方式粗放,行路难、就医难、上学难、饮水难、就业难、增收难问题非常突出,有 7 个乡镇地处祁连山国家级自然保护区边缘,生态保护与扶贫开发的矛盾非常突出,是扶贫开发最难啃的"硬骨头"。2013 年底,全县贫困发生率 39.86%,130 个建档立卡贫困村,3.42 万户 14.23 万人建档立卡贫困人口;农民人均纯收入 3940 元,分别比全市、全省平均水平低近 3023 元、1153 元,贫困发生率比全省平均水平高 13.4 个百分点,占全市贫困人口的 56.4%。尤其南部山区

7 个乡镇 95 个村 10.14 万人,大部分贫困群众受教育程度较低,劳动力普遍技能缺乏,自身积累有限,致贫原因复杂,脱贫难度较大。人均纯收入不足川区农民人均纯收入的一半,而且其收入结构主要以劳务收入和政策性收入为主。自 2014 年以来,古浪县全县累计减贫 14.23 万人,贫困发生率下降到0.07%,贫困人口全部脱贫退出。

3. 古浪县精准扶贫主要做法及成效

古浪县把脱贫攻坚作为首要政治任务和一号工程,尽锐出战,精准施策,脱贫攻坚取得决定性成就。

一是聚焦贫困对象,精准动态管理。2014 年,古浪县采取农户自测、入户调查、村级评议、回访统计、审核确认的方式,组织乡村干部、驻村帮扶工作队、双联干部组成工作组,对扶贫对象精准识别、贫困人口和相关信息进行核实细化,全面摸清了贫困底数。2015 年,开展建档立卡贫困户全面普查,先后进行四轮核实,对认定不精准的坚决予以剔除。2016 年,扎实开展建档立卡贫困户全面普查、建档立卡交叉检查、大数据平台数据清洗和"脱贫攻坚回头看"等专项行动,剔除不符合识别标准的建档立卡贫困。2017 年,按照收入"十不算"和"三保障""十不脱"要求,坚持贫困人口应进则进、不符合贫困条件群众应退则退,以识真贫确保真扶贫。

二是压实攻坚责任,攻克贫困堡垒。县委、县政府坚决扛牢脱贫攻坚主体责任,坚持"市县抓落实、乡村抓具体"和"五级书记一起抓"的工作机制,县委主要领导当好"一线总指挥",带头包抓 2 个深度贫困乡镇,遍访 130 个贫困村,各乡镇党委书记遍访贫困户,构建起县委统一领导、政府高效执行、部门精心指导、乡村推动落实的责任体系。严格实行脱贫攻坚包抓责任制和红黄牌预警机制,制定脱贫攻坚实施方案和督查巡查、精准帮扶、扶贫资金管理使用等措施办法,聚力推进责任、政策、工作"三落实",防止脱贫人口返贫,边缘人口致贫。优化帮扶力量,组建 136 支驻村工作队开展帮扶工作,为决战决胜脱贫攻坚提供了坚强有力的政治保障和组织保障。坚持扶贫扶志相结合,深入开展"两户"结对帮扶、脱贫"红黑榜"、脱贫典型宣讲报告等活动,培育感党恩、知奋进、讲文明的新时代农民。

三是全面冲刺清零,补齐短板弱项。按照"六个精准"要求,逐人逐项"回头看""过筛子",推动政策落地,补齐短板弱项,贫困人口高水平达到"两不愁三保障"标准。统筹整合财政涉农资金集中力量办大事,自 2017 年以来,累计投入 39.4 亿元财政扶贫资金、16.39 亿元金融扶贫资金,全力保障脱贫攻坚资金需求。新建中小学 129 所,适龄儿童少年全部有学上、上好学。建成绿洲医院,改建 248 所村卫生室、10 所乡镇卫生院,县乡村三级医疗机构全部按标准完成基础设施配套、诊疗机构设置和医务人员配备,建档立卡贫困人口全部参加基本医疗保险。实施农村饮水安全巩固提升工程 25 项,建设自来水管网2047 公里,农村自来水普及率达到 97.75%。新建农户住宅和改造农村危旧房 2.87 万户,全面实现居无危房目标。建成乡村道路 2047 公里,所有建制村均达到通沥青(水泥)路和通客车"两通"目标,黄花滩移民区实现"出门硬化路、出村主干道、村村通公交"。1384 家合作社达到规范化标准,74 家扶贫车间发挥效益,1.34 万户贫困群众入股农业经营主体,获得产业分红 5389 万元,72 个贫困村村集体经济收入均达到 4 万元以上。

四是加快产业培育,拓宽增收渠道。坚持市场导向,因地制宜、因时制宜,围绕"脱贫抓产业、产业抓覆盖、覆盖抓达标、达标抓效益",沿山沿川沿沙打造三大特色产业带,着力培育和发展"羊、牛、鸡(鸽)、果、菜、菌、药、薯、观光农业、优质饲草"十大特色优势产业;围绕新型经营主体和服务主体,组建成立了县扶贫公司 1 家和乡镇扶贫公司 19 个,同时引进顶乐牧业、达康牧业、德青源、中天羊业、海升集团、康美集团、正文菌业等企业在古浪入驻和发展,由此全县共有 24 家农业产业化龙头企业;围绕利益联结机制建立,探索和构建"企业+合作社+农户"三位一体、紧密联结的利益机制,通过适应市场、企业引领,达到企业发展、农民增收的共享发展模式。在产业发展成效上,全县建成养殖暖棚 17.99 万座 1079.4 万平方米、日光温室 1.4 万座 2.8 万亩、设施果蔬年产量达到 6.5 万吨以上,羊、牛、鸡、鸽存栏量分别达到 202 万只、6.95 万头、226 万只、9.1 万羽。建立品种繁育、科学种养、精深加工、立体销售的全产业链,一大批羊、牛、鸡、鸽繁育基地和蔬菜育苗基地建成投用,兴盛种羊场被命名为甘肃省优质种羊繁育基地。

五是优先生态屏障,实现双赢目标。古浪县立足生态环境脆弱、生态地位特殊重要的实际,统筹好保护与发展的关系,结合易地扶贫搬迁工程,大力开展生态修复保护。移民迁出区采取"退、封、造、管"措施,加快新堡乡至定宁镇长 50 公里以上、宽 20 公里以上的生态恢复区建设,实施"再现黑松驿"东山造林绿化等重点工程,完成废旧宅基地腾退复垦 3.02 万亩,营造水源涵养林 20.7 万亩,实施退耕还林 6.97 万亩,封山育林 71.62 万亩,全县森林覆盖率达到 12.62%,实现了"人退山绿"。移民安置区大力推进国土绿化和防沙治沙,在住宅区见缝插绿、应绿尽绿,栽植绿化苗木 54 万株。产业区建设农田林网 5.38 万亩。安置区外围完成治沙造林 63.46 万亩,封禁保护沙化土地 15 万亩,栽植梭梭、花棒等沙生苗木 1300 多万株,在北部沙漠边缘构筑起绿色长城,实现了"人进沙退"。八步沙林场"六老汉"三代人治沙造林先进群体被中宣部授予"时代楷模"称号,八步沙林场被生态环境部命名为甘肃首个全国"绿水青山就是金山银山"实践创新基地。

4. 古浪县易地扶贫搬迁情况

为从根本上拔除"穷根",破解高深山区贫困群众脱贫致富问题,古浪县针对南部山区自然条件恶劣、生产生活条件艰苦、"一方水土养不起一方人"的实际,实施了黄花滩生态移民易地扶贫搬迁工程,在黄花滩移民区先后规划和建成 12 个移民新村和绿洲小城镇,对原来位于南部高深山区 11 个乡镇、73 个贫困村、1.53 万户 6.24 万人进行了有序的搬迁安置,其中,整村组搬迁的有 58 个贫困村、整乡搬迁有 3 个乡镇,实现了南部山区生活在自然条件恶劣、缺乏基本生存条件、有搬迁意愿的群众应搬尽搬,生态敏感区、自然条件恶劣区、高寒深山区的贫困群众,因易地搬迁而实现了脱贫致富与祁连山生态环境保护"双赢"、扶贫开发与生态治理相结合的新路径。

一是因地制宜,易地搬迁"挪穷窝"。根据南部山区不同立地条件,按照完全干旱山区整乡整村搬迁、水川河谷区行政村就近安置的思路,从 2012 年开始,对居住在生存条件恶劣、生态环境脆弱、自然灾害频发的新堡乡、干城乡和横梁乡3个乡镇实施整乡搬迁,对黑松驿镇、定宁镇、古丰镇等8个乡镇的58个完全干旱山区行政村实行整村组搬迁,开发东北部沿沙区闲置土地12万多亩,沿省道316两侧集中规划建成12个移民新村和绿洲小城镇,累计搬迁群众1.53万户6.24万人。搬迁移民因空间迁移而出了大山、开阔了眼界,尝到了发展的甜头,实现了"要我脱贫"向"我要脱贫"的观念转变,坚定了脱贫致富的信心和决心,为打赢脱贫攻坚战奠定了坚实的基础。

二是加大投入,建设新村"换穷貌"。通过积极向上争取项目、统筹整合涉农资金和县财政自筹等方式,多渠道筹措资金,累计向黄花滩生态移民区和绿洲小城镇整合投入各类资金80.25亿元,配套完善安置区路、水、电、通信等基础设施和医院、学校、村级综合服务中心、文化广场等公共服务设施。累计在安置区新建住房1.53套、沥青道路49公里、水泥路775公里、沙砾道路467公里、污水处理站4座、提水泵站3座、调蓄水池50座1130万立方米、干支渠177公里、供水管道610公里、滴管工程10.3万亩,架设10KV供电线路286公里、0.4KV线路456公里,建成初级中学2所、小学12所、幼儿园13所,医院1所、卫生院3所、村级标准化卫生室63所、综合文化服务中心18处、高标准篮球场4处、高标准足球场3处,切实满足了搬迁群众生产生活和精神文化等需求,实现了从居住难、饮水难、行路难、上学难、就医难的贫困落后环境到新型城镇化社区的转变。

三是强化造血,产业先行"拔穷根"。坚持把产业培育作为搬迁群众稳定增收的根本之策,大力发展以牛羊鸡(鸽)为主的舍饲养殖,以番茄、辣椒、甜瓜、草莓为主的日光温室精细果蔬,以枸杞为主的特色林果,以秀珍菇、平菇、双孢菇为主的食用菌、以光伏为主的新能源产业和以梭梭接种肉苁蓉为主的沙产业,实现搬迁群众户均达到2种以上增收产业全覆盖。已建成万亩戈壁农业(6828座1.36万亩)、万亩枸杞基地(1.7亩)、万只种羊繁育基地(3.78万只)、万头肉牛育肥基地(1.2万头)、万亩梭梭嫁接肉苁蓉基地(1.06万亩)、1000万袋食用菌基地以及养殖暖棚2.4万座,同时新建祁连山黄金奶源带 6 万头生态奶牛产业园 1 处、万只羊场 4 个、10 万只海兰蛋鸡养殖基地 1 处、30 万只肉鸡养殖基地 1 处、肉鸽繁育基地 1 处、高标准日光温室 1000 座，发展以沙漠桃、山楂、新疆大沙枣为主的特色林果 1300 亩。全县果蔬年产量达到 60.5 万吨，肉羊存栏量 211.7 万只，肉牛存栏量 6.69 万头，鸡存栏 229 万只，种鸽存栏 10.5 万羽，特色扶贫产业呈现规模化发展态势。2019 年人均可支配收入达到 7561 元，较搬迁之前提高 2.8 倍。各项产业都有龙头企业和项目支撑，都有专业合作社和群众深度参与。五道沟、六道沟万亩日光温室示范基地成功入选粤港澳大湾区"菜篮子"生产基地。全力打造农业品牌，集中资源打造"八步沙"区域公用品牌和企业商标品牌，通过国家农产品地理标志认证 2 个、无公害产地认证 6 个、国家绿色食品认证 61 个，黄花滩生态移民区日光温室产业园经省农业农村厅批准创建省级绿色食品标准化生产基地。健全产品营销体系，建成果蔬保鲜库 65 座、总库容 8.42 万吨，蔬菜、牛羊大型交易市场 3 家、规模销售企业 4 家，年销售牛羊 90 万头只、蔬菜 7 万吨以上。

四是多措并举，稳定就业"促增收"。在搬迁群众自种自养基础上，针对安置区富余劳动力，坚持把就业扶贫作为脱贫攻坚的重要抓手。着力加大劳务输转，充分利用县乡村组四级劳务工作网络平台，组织人社等部门工作人员包片区、乡镇劳务机构抓组织、劳务经纪人供岗位、劳务中介搞对接、基层就业信息员送信息、包工头小老板带输转，全方位多渠道开展就业服务，积极组织搬迁群众有序转移就业，今年已输转劳动力 9280 人。着力开展技能培训，在安置区设立劳务技能集中培训点，开展订单式培训、定向培训、定岗培训，全年共组织开展劳动力技能培训 1400 多人次，切实提高了搬迁群众的就业技能水平。着力开发乡村公益性岗位，发挥岗位托底作用。开发保洁员、护林员、交管员、环卫工等乡村公益性岗位，实现搬迁群众 1360 多人就业。积极推进扶贫车间建设，建成扶贫车间 23 家，就地就近吸纳搬迁群众 1120 多人。引进甘肃保罗服饰有限公司，与横梁乡扶贫开发公司合作成立甘肃精诚金榜实业有限公司。目前，已吸纳搬迁群众 150 多人，后期可达到 600

多人。

五是创新改革,集体经济"增活力"。按照"村集体投资受益、公司经营管理"的发展模式,加大资金投入力度,扶持村集体与县乡扶贫开发公司开展产业合作,促进产业链延伸、产品增值、产业增效,不断发展壮大村集体经济,带动群众持续稳定增收。全面启动农村集体产权制度改革试点工作,目前黄花滩生态移民区18个行政村(社区)已完成清产核资、成员身份界定、股权设置与量化、组建股份经济合作社等工作,共界定集体经济组织成员1.53万户6.24万人,实现搬迁群众全覆盖,清理资产5296.3万元、资金6824万元、资源2.64万亩,成立股份经济合作社18个。积极推进"三变"改革,将黄花滩生态移民区18个行政村(社区)2.31亿元村集体资金投入光伏产业、购置出租商铺、入股经营主体分红,2019年实现村集体经济收入928.43万元,所有行政村集体经济收入均达到5万元以上。加大村级集体经济投入力度,投入资金2.02亿元,建成光伏电站48.89兆瓦,共拨付收益资金3117.5万元,覆盖搬迁群众3262户;投入1.39亿元,建成西靖镇村集体经济产业园,发展牛、羊、鸡、鸽等产业,向村集体分红615.68万元,提供就业岗位120个,实现劳务收入432万元。

六是生态优先,绿色发展"靓环境"。坚持脱贫攻坚和生态环境改善一盘棋,充分发扬"困难面前不低头,敢把沙漠变绿洲"的新时代武威精神,围绕构筑生态安全屏障,同步开展迁出区拆旧复绿和安置区绿化造林,让绿色成为古浪发展的鲜明底色。严格落实"一户一宅、占新腾旧"政策,通过完成迁出区废旧宅基地腾退复垦,实现了"人退山绿"。通过安置区外治沙造林,"人进沙退"初步显现,实现了人与自然和谐共生的良好局面。

5. 古浪县以工代赈工作情况

深刻把握以工代赈促进扶贫同扶志扶智相结合的重要作用,以改善贫困地区群众的生产生活条件、促进贫困群众增收为目的,以改善农业生产条件为重点,以培植自我发展能力为目标,突出抓好小型农田水利、乡村道路、小流域治理、片区综合开发、农村人居环境整治、农村特色产业、乡村旅游等重点领域,着力解决制约脱贫攻坚的短板和弱项,巩固提升脱贫攻坚成效,为乡村振兴战略奠定坚实的基础。一是高质量完成以工代赈建设任务。"十三五"时期,在国家发展改革委的大力扶持下,为古浪县安排以工代赈项目资金 3895 万元,其中统筹整合使用 2598 万元,其余 1297 万元用于以工代赈项目实施,累计新建或改建渠道 14.29 公里,配套修建各类渠系建筑物 504 座,修建水泥硬化道路 4 公里,建成 9.47 万立方米调蓄水池 1 座,铺设管道 4680 米,配套建设管理房等附属设施,带动当地 200 多名贫困群众参与以工代赈工程建设,获得劳务报酬 410 多万元,增加了贫困群众收入。二是大力推广以工代赈方式。严格按照国家发展改革委等 3 部委《关于在贫困县统筹整合使用财政涉农资金试点工作中大力推广以工代赈方式的通知》要求,深刻把握以工代赈促进扶贫同扶志扶智相结合的重要作用,充分认识在统筹整合使用财政涉农资金试点工作中大力推广以工代赈方式的重要意义,加强与扶贫、财政部门的沟通衔接,在统筹整合使用财政涉农资金试点工作中大力推广以工代赈方式,激发贫困群众脱贫致富的内生动力。已组织当地群众 2181 人参与工程建设,发放劳务报酬 2643.39 万元,其中:建档立卡贫困人口 662 人,发放劳务报酬 950.82 万元。三是加大以工代赈项目争取力度。准确把握国家投资导向,积极和相关部门、乡镇对接,全力做好 2020 年以工代赈项目谋划储备工作,谋划储备以工代赈重点项目 4 项,总投资 1892 万元。积极申报 2020 年第三批以工代赈示范工程和 2021 年财政预算内以工代赈资金项目,项目总投资 2400 万元。修建 6500 立方米蓄水池 2 座,铺设输水管道 1920 米,配套建设附属设施;硬化村内道路 30 公里;改建支渠 5820 米,新建 U 形农田灌溉渠道 10 公里。申报 2021 年以工代赈示范工程 1 项,总投资 1073 万元,计划实施古浪县黄花滩生态移民暨扶贫开发六道沟至十二道沟产业区主干道道路硬化项目,进一步改善产业区路网保障通行能力和农田设施建设质量。

6.古浪县移民迁出区土地整治项目

为切实有效提高祁连山水源涵养能力,不断加大迁出区地表植被覆盖率,改善区域生态环境,促进人与自然和谐相处,加快绿色发展步伐,同时盘活农村存量建设用地,缓解人地矛盾,助推脱贫攻坚和乡村振兴。古浪县自 2017 年以来实施了古浪县祁连山山水林田湖生态保护修复工程废旧宅基地整治项目。

项目基本情况。项目位于古浪县南部山区干城乡、新堡乡、横梁乡、十八里堡乡、定宁镇、黄羊川镇、古丰镇、裴家营镇、西靖镇、黑松驿镇等 10 个乡镇 95 个行政村 21252 户,建设规模 33344 亩,分 3 期实施,项目总投资 8328 万元。

项目建设内容。房屋拆除清运工作,土地平整工程、田间道路工程和农田防护与生态环境保护工程。

项目实际完成情况。古浪县祁连山山水林田湖生态保护修复工程废旧宅基地整治项目完成宅基地平整 20183 户 3.21 万亩,完成投资 8028 万元。拆除腾退后的地类按照宜耕则耕、宜林则林、宜草则草的复垦原则,对拆除后约 0.34 万亩适宜耕种的土地进行耕种,约 2.76 万亩土地进行种草种树后作为生态用地,约 0.014 万亩土地用于发展农牧业,其他 0.1 万亩土地为道路和田坎。

典型经验和做法。古浪县先后印发了《关于印发古浪县南部山区移民搬迁宅基地腾退工作实施方案的通知》和《关于印发古浪县南部山区移民迁出区废旧宅基地腾退复垦奖励标准的通知》,对拆迁范围内的废旧宅基地实行有偿腾退和奖励机制,并多方筹措落实奖补资金,有效推进了废旧宅基地腾退复垦进度。在拆旧复垦工作中,严格按照规定的奖励办法进行山区房屋腾退,与相关乡镇紧密联系配合,根据各乡镇协调进度,具备拆除条件或平整条件的,协调一户拆除一户平整一户;制定施工单位日报制度和严谨的工作台账,有效统计施工进度,拆除工作稳步推进。

项目实施的重大意义。通过实施移民搬迁,南部山区大部分群众已搬迁至黄花滩移民区,大量宅基地和建设用地闲置,用地指标紧缺,同时也影响全县南部山区生态环境建设。开展南部山区废旧宅基地腾退复垦工作,是全面贯彻落实党的十九大精神和实施乡村振兴战略的需要,对有效改善生态环境,落实绿水青山就是金山银山精神,促进农村节约集约用地,提高土地利用效益,实现经济社会可持续发展具有重大意义。项目实施将原零星分散的废弃宅基地进行复垦复绿,使其与周边环境相协调,植被覆盖面积增加。通过土地深翻等措施,提升土壤肥力,项目区内生态环境、农业生产条件得以改善,同时缓解古浪县建设用地指标短缺现状。对提升土地利用率,解决建设用地指标短缺问题,繁荣农村经济,缩小城乡发展差距等具有推动作用,并在一定程度上改善区域生态环境,具有良好的社会、生态及经济效益。

7. 古浪县移民迁出区实施城乡建设用地增减挂钩政策的情况

城乡建设用地增减挂钩节余指标跨省域调剂是支持脱贫攻坚的一项重要举措。古浪县把千方百计管好用好资源、用足用活政策作为践行习近平总书记提出的扶贫开发要"找对路子"的实际行动,针对南部山区大力实施生态移民易地扶贫搬迁项目后大量废旧宅基地废弃、闲置的现状,不等不靠、主动靠前,积极与省市自然资源部门对接,加大城乡建设用地增减挂钩节余指标跨省域调剂项目申报力度,提高项目助推脱贫攻坚精准度,变资源为资金,最大限度释放政策"真金白银",使政策红利、资源收益更多惠及贫困地区,为全县民生改善和经济发展注入了"源头活水",有力助推了全县脱贫攻坚进程。

基本情况。为促进区域生态治理,盘活闲置资源,拓展用地空间,助推脱贫攻坚,古浪县将南部山区移民迁出区 3 万多亩废旧宅基地列入山水林田湖草生态保护修复工程废旧宅基地整治项目,按照"宜耕则耕、宜林则林、宜草则草"的原则进行复垦。同步将复垦区域择优纳入城乡建设用地增减挂钩项目,腾退出的指标在优先满足移民搬迁安置区、全县基础设施、公益设施建设、产业发展用地的前提下,抢抓深度贫困县城乡建设用地增减挂钩节余指标跨省域统筹调剂政策,积极申报争取增减挂钩节余指标。截至 2020 年 11 月底,甘肃省自然资源厅批准古浪县城乡建设用地增减挂钩节余指标面积 2703.6

亩,2018—2019 年,省级共下达古浪县增减挂钩节余指标跨省统筹调剂任务 1311 亩,调剂资金达 3.93 亿元,交易资金全部用于全县脱贫攻坚和乡村振兴。通过增减挂钩项目的实施,不仅使迁出区生态环境得到有效保护和恢复,充分保障了绿洲移民小城镇、易地扶贫搬迁工程古丰安置区及其他项目用地,并争取更多调剂资金支持,有力助推了全县脱贫攻坚进程。同时也实现了项目区内耕地面积不减少、建设用地总量不增加、布局更加优化的双赢目标。

项目实施情况。2018 年,甘肃省自然资源厅下达古浪县 2018 年城乡建设用地增减挂钩节余指标跨省域调出指标任务 611 亩,调剂资金 1.833 亿元,资金已全部到位。调出指标涉及古浪县干城乡等 9 个乡镇城乡建设用地增减挂钩项目,省自然资源厅组织对项目节余指标拆旧区进行验收,验收面积 1641.3 亩,其中 613.4566 亩在城乡建设用地增减挂钩在线监管系统中进行了报备(报备地类为旱地),剩余节余指标 1027.84 亩尚未使用。2019 年,省自然资源厅下达古浪县 2019 年增减挂钩节余指标跨省域调出指标任务 700 亩,调剂资金 2.1 亿元,现已全部到位。调出指标涉及古浪县横梁乡和干城乡城乡建设用地增减挂钩项目,2019 年 11 月,省自然资源厅组织对项目节余指标拆旧区进行验收,验收面积 1062.3 亩,其中 704.58 亩在城乡建设用地增减挂钩在线监管系统中进行了报备(报备地类为草地),剩余节余指标 357.72 亩。2020 年,对易地扶贫搬迁迁出区符合拆旧复垦条件的宅基地认真开展前期调查,本着实事求是的原则,精准确定拆旧复垦范围。经认真调查、测量、核实,古浪县将易地扶贫搬迁迁出区废旧宅基地 1795.03 亩纳入增减挂钩项目,作为节余指标用于 2020 年跨省域调剂。拆旧地块涉及南部山区 7 个乡镇 18 个村。以上拆旧地块涉及的 2241 户 9825 人,已通过古浪县易地扶贫搬迁工程集中安置到黄花滩移民点和绿洲小城镇。目前拆旧区已全部完成复垦,复垦林地约 1503.4 亩,复垦草地约 291.63 亩。2020 年 5 月,古浪县委托省自然资源规划研究院编制增减挂钩项目实施方案,目前,实施方案已经省级组织专家评审通过,技术人员正在全力开展图斑实地核查工作。

主要做法。一是政府主导,部门联动。切实加强全县增减挂钩项目,成立工作机构,切实加强组织保障,多次召开专题会议,及时研究部署增减挂钩工作,明确增减挂钩任务目标、工作责任和完成时间节点,形成了"政府主导、自然资源牵头、部门协同、乡镇落实、群众参与"的增减挂钩工作格局。二是科学选址,合理布局。深入南部山区移民搬迁迁出区实地踏勘、调查摸底,全面翔实掌握了迁出区农户搬迁类型、去向、时间和房屋结构等基础信息,充分尊重、吸纳当地农民和公众意见建议,精准确定拆旧区范围。同步委托有资质的测绘公司对拆旧地块逐图斑测量,套合数据库、高清影像剔除非现状建设用地,确保拆旧区符合节余指标要求。三是出台政策,解决经费。出台废旧宅基地腾退奖补标准,对享受易地移民搬迁补助政策的农户废旧宅基地拆除后每宗奖励 3000 元;对自主搬迁农户房屋完整地拆除后补助 8000 元,对房屋已拆除但院落内仍有部分棚圈和院墙的拆除后每宗补助 3000 元。四是严格标准,扎实复垦。严格要求施工单位高质量、高标准施工,必须做到建筑垃圾清理干净,土地平整到位、复垦范围面积一致。全程派员跟踪监督,对建筑物没有拆除的,无条件拆除,确保复垦质量规范到位;对复垦没有平整到位的,确保整体平整到位;对斑块边角遗漏的,确保弥补实施到位;对复垦耕地质量不达标的,逐地块重新进行平整、翻耕,确保耕地质量数量达标;对没有耕种撂荒的,想方设法进行抢种等,确保了拆旧地块经得起省市验收、核查。五是严格督查,狠抓落实。将增减挂钩项目列入市县重大项目,按照"五个一"包抓项目要求,市、县包抓领导多次深入现场督查调研,现场一线协调解决问题。对乡镇腾退调查认定、签订拆除协议、房屋拆除等情况进行重点督办,确保项目有序有力顺利推进。六是加强管护,杜绝撂荒。为抓实抓好增减挂钩拆旧复垦地块后期管护工作,古浪县结合实际制定了后期管护方案,由各乡镇人民政府负责将复垦后的土地交由村集体或其他经济组织统一管理,确保所有已复垦土地不撂荒、不闲置、不改变土地用途。同时,加强对复林复草区域进行封育,全面实施生态修复,在不破坏耕作层的前提下,作为国家战略储备耕地,切实提高区域生态环境的涵养修复能力。

8.古浪县迁出区宅基地复垦或生态绿化土地的前后对比

图7-1　工程建设主要任务完成情况对比图

三、宁夏考察①

（一）宁夏中南部地区概况及生态移民土地整治情况

1.宁夏中南部地区概况

宁夏中南部地区包括固原市原州区、隆德县、泾源县、西吉县、海原县、彭阳县,吴忠市同心县、红寺堡区、盐池县等9个国家扶贫重点县(区)以及中卫市沙坡头区、中宁县的山区。区域土地面积占全区总面积的65.03%,人口占全区总人口的41.08%,其中回族人口占全区回族人口的59.1%,是全国最大的回族聚居区,也是革命老区和六盘山集中连片特殊困难地区。区域内干旱少雨,生态脆弱,土地贫瘠,自然条件恶劣,贫困程度深,是宁夏全面建成小康社会的难点和关键点。区域内约35万人居住在交通不便、信息闭塞、干旱缺水、自然条件极为严酷的大山深处,改善这一地区的基本生存条件,事关宁夏全面建成小康社会的全局。

---

① 根据宁夏自然资源厅政府信息公开申请答复的资料整理。

2. 宁夏中南部地区生态移民情况

《国务院关于进一步促进宁夏经济社会发展的若干意见》指出"改善这一地区的基本生存条件,既是一项长期的战略任务,也是一项极为紧迫的民生工程。要加大扶贫攻坚力度,把解决这一地区的生存和发展问题,作为促进宁夏发展的重中之重"。2011年2月,自治区人民政府下发了《宁夏"十二五"中南部地区生态移民规划》,要求开展中南部地区生态移民工作,确保实现区域脱贫致富,移民人均纯收入接近全区平均水平。

由于生态移民以易地扶贫搬迁安置为主,需要安置区具备满足移民生产生活所需的土地资源和水资源,但是移民安置区是以新开发土地和现有耕地调剂安置方式进行,其中原有部分耕地质量较低,需要进行水利配套及土壤改良增肥地力和田间基础工程建设及增加耕地面积,才能使移民分配到一定的口粮田;现有耕地调剂需要通过土地整治措施,提高耕地质量、新增耕地面积,土地整治成为确保生态移民目标实现的基本条件。

(二)宁夏中南部地区生态移民土地整治工程项目情况

为实现自治区党委、政府确定的"十二五"生态移民规划目标和任务,争取国家投资对生态移民安置区进行土地整治,确保生态移民工作的顺利实施,2011年4月2日,《国土资源部办公厅关于落实部区领导会见有关事项的函》明确表示,支持宁夏"十二五"生态移民土地开发整理70万亩,安排补助资金和生态移民土地开发整治资金,国土资源部已商财政部予以资金支持,要求宁夏做好生态移民土地整治工程的相关工作。

为全面落实部、区关于做好生态移民工作的有关要求,保证生态移民土地整治工作顺利进行,宁夏回族自治区国土资源厅在总结多年来的移民工作经验的基础上编制了《宁夏"十二五"生态移民土地整治项目专项规划》和《宁夏"十二五"生态移民土地整治项目可行性研究报告》。综合考虑资金筹措的需要,项目计划分为6年实施。

2011年8月22日,自治区人民政府下达了《关于宁夏"十二五"生态移民土地整治工程立项的批复》,并向财政部、国土资源部上报了《关于申请宁夏"十二五"生态移民土地整治工程资金的函》。财政部、国土资源部第一批生态移民资金《关于下达宁夏回族自治区2011年生态移民土地整治工程预算的通知》下达后,宁夏"十二五"生态移民土地整治工程于2011年正式启动,计划分为6个年度实施子项目34个,实际实施子项目32个,涉及平罗县、盐池县、红寺堡区、青铜峡市、沙坡头区、原州区、同心县、隆德县、彭阳县、西吉县共10个县(市、区)及宁夏农垦集团有限公司渠口农场,计划完成建设规模23935.56公顷(35.90万亩),新增耕地3567.40公顷(5.35万亩),安置移民8.32万人,预算投资66101.52万元。

(三)宁夏中南部地区生态移民土地整治工程项目建设完成情况

宁夏"十二五"生态移民土地整治工程围绕增强资源保障能力、促进现代农业发展、节约集约利用资源、保障移民安置用地、促进社会和谐发展等方面组织开展工作,于2012年6月12日正式开工,2017年11月28日完成了工程建设任务,实施子项目32个,涉及青铜峡市、平罗县、盐池县、红寺堡区、沙坡头区、同心县、原州区、彭阳县、隆德县、西吉县共10个县(市、区)及宁夏农垦集团渠口农场。完成建设规模22957.49公顷(34.44万亩),占计划建设规模23935.56公顷(35.90万亩)的95.91%。新增耕地3529.73公顷(5.29万亩),占计划新增耕地3567.40公顷(5.35万亩)的98.94%。安置移民16.93万人,占计划安置移民8.32万人的203.49%。

其中,南部的固原市是宁夏规模最大、贫困程度最深的扶贫重点开发区,实施项目数量占全区生态移民土地整治工程子项目总数的34.38%,完成建设规模占总建设规模的41.93%。北部的平罗县宁夏回族自治区北部安置县外移民的重点县,安置移民人口占17.10%。中部地区的同心县和红寺堡区建设规模和移民安置人口均明显高于其他县(市、区),安置移民人口占59.93%。

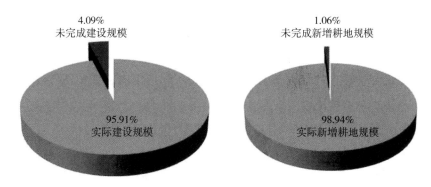

图7-2　工程建设主要任务完成情况对比图

(四)宁夏中南部地区生态移民土地整治项目建设的创新做法

1. 创新"土地整治+生态修复"模式,改善区域生态环境

宁夏实施"十二五"生态移民土地整治项目工程,开发引扬黄灌区周边可利用的荒地,实施易地移民搬迁,使沿黄经济带开发和西海固的移民搬迁相结合,基本解决了16.93万西海固地区贫困移民口粮问题,为搬迁移民筑牢了稳定生产的物质基础与发展方向,同时促进了引扬黄灌区的土地资源合理开发和有效利用,实现了脱贫和生态环境保护与开发的"多重"目标。

平罗县陶乐镇庙庙湖生态移民安置区多为半固定沙丘和沙地,沙丘由于土体表层松散干燥疏松,植被稀少,土壤风化严重。通过实施宁夏"十二五"生态移民土地整治项目平罗县2012年度庙庙湖项目(A区),采用"管道输水+滴灌"的节水灌溉技术,减少了输水过程和田间灌水过程的渗漏损失,减少了用水量,降低了用水成本,提高了田间灌水均匀性和灌水效率。土地平整、节水灌溉、客土压沙、土壤改良、规模化种植等一项项立竿见影的措施,使生态环境恶劣的沙漠变成了绿洲。

生态移民迁出区总体上的自然条件特征是土壤贫瘠、生态脆弱,通过对该区域投入大量的人力、财力、物力,采取"封、造、育、管"等措施,进行了100%封育管护,90%造林绿化、10%发展育苗,目前已建成上青石后河子、黑刺沟刘家庄、开城余家庄等多个生态恢复示范点,生态恢复与修复成绩显著,促进了辖区各种闲置资源的有效转化利用,优化了国土空间格局,为生态环境保护建设奠定良好基础。通过土地整治既为贫困群众开启了致富大门,又达到了恢复生态的目的,为黄土高原实现生态与生存共赢探索出了可行之路。

图7-3 生态移民迁出区前后对比图

2.建立了土地流转方式,实施了"土地整治+移民致富"

宁夏在推进土地整治过程中,探索了"土地整治+移民致富"模式,为土地流转提供了基础设施保障和基础条件准备,工程建设实施后流转土地规模约3573.33公顷,直接实现亩均增收超过300元。土地整治项目实施后,增加了灌溉面积,实现了耕地集中连片,提升了机械化程度,提高了劳动生产率,发挥了整体效益。同时,通过土地综合整治,改善了农村地区的生产条件,以完善的基础设施和优质的服务作为条件吸引投资者投资,为发展适度规模经营创造了有利条件,有力地推动了现代农业的发展,促进了农村社会经济的发展。

宁夏"十二五"生态移民土地整治工程2012年度同心县河西镇同德项目整治前主要以农户自主经营为主,经营的规模小,机械化程度低,种植作物的随意性大,这种经营模式在一定程度上限制了现代农业的发展,整治后项目区耕地流转给宁夏润德生物科技有限责任公司进行枸杞种植,创新了"土地整治+土地流转"模式。项目在实施过程中采用"公司+专管人员管理"的管理模式,让管理人员和技术人员全过程参与项目的实施,工程建成后直接移交给该主体经济组织,由其负责管理,目前项目区已实现种植机械化、生产科技化、管理现代化的高标准枸杞种植生产基地。根据调查,公司种植基地每年为当地提供 10 万个农业用工量,带动 3000 多名农业工人,每年人均增收 6400 元,为同心县河西镇同德移民村周围农民每年创造 200 多万元财产性收入,惠及 1000 多户生态移民,"土地整治+土地流转"为农民提供就业,增加了农民收入。

3. 规范项目资金管理机制,保障项目资金使用安全

严格按照国土资源厅、财政厅出台的土地整理项目相关资金管理办法要求,生态移民土地整治项目资金实行专户管理、专账核算,资金指标由自治区财政直接下达至各市、县(区)财政;工程款严格执行"报账制",按工程进度统一报批、拨付;对已完成的合格工程,经监理、项目代表、工程管理人员和财务人员审核后,由市、县指挥部总指挥批准,从财政专户直接拨付到工程施工单位;项目完工后,必须进行财务决算审计,做到了"下达有计划、支出有控制、用途有审计",保证了资金运行的安全。

4. 探索实施涉农资金统筹整合,发挥土地综合整治效益

宁夏在实施生态移民土地整治过程中,为进一步加强涉农资金整合,提高涉农资金使用效益,促进涉农资金统筹使用的长效机制,探索实施了多部门参与的土地整治项目,整合各部门涉农资金达到 1254.80 万元,为推动项目建设实施提供了重要的资金保障。如平罗县 2012 年度庙庙湖项目(A 区),通过建立政府领导、部门配合的协调机制,整合了各部门涉农资金,试验实行了部门联动,将土地整治项目与发改、水利等部门项目有效结合。在项目建设过程中,使用发改、水利配套资金对项目区泵站、蓄水池等水利骨干工程及田间土壤改良培肥工程进行建设,利用土地整治项目资金对项目区土地平整、田间水利设施配套等工程进行建设,以涉农资金整合为契机,创新了体制机制,完善了涉农资金监管体系,形成了保障政策落实和资金安全高效使用的长效机制,实现了多部门参与,进一步提高涉农资金管理水平和使用效益,加快推进农业现代化和新农村建设步伐。

5. 登记备案单位实行项目质量负责制,建立项目质量"黑名单"

在土地整治项目实施过程中,为保证项目质量,自治区建立完善了由法人

负责、监理控制、中介机构评测、舆论督导、村民代表现场监督、动态系统测评相结合的"六位一体"管理机制,健全质量"一票否决"制度,对不合格工程进行全面排查,发现问题立即拆除整改,严格追究负责人的责任。同时,为确保土地整治项目质量,建立了系统完善的国土整治项目质量"黑名单"制度,对存在质量问题而屡次不改或整改不到位的企业或规划施工设计及预算编制失误造成工程重大损失的企业,由宁夏国土开发整治管理局将其从备案库中剔除,取消其项目参与资格。

6.科学采用高效的节水先进技术,全方位保障了建设效益

项目建设充分发挥宁夏工程建设组织管理机制优势、人才资源优势和土地整治技术优势,结合区域特点与问题,在渠灌节水方面,通过砌护渠道,合理设计比降,增加流速,提高灌溉用水利用率;在高效节水方面,有针对性地运用了先进的管道输水+滴灌的节水灌溉技术、膜下滴灌技术、秸秆还田技术、客土压沙与脱硫石灰渣改良技术、企业+农户的有机肥施用技术等先进技术,实现了高效节水、土壤改良、废弃资源利用和环境改善,保障了旱改水、坡改梯和新开发耕地的质量及生态治理,提高了耕地灌溉保证率,使灌溉水利用系数达到了0.9,耕地生产能力显著提高,防风固沙、保持水土、涵养水源和改善农田生态环境的作用,为生态移民"搬得出、稳得住、逐步能致富"奠定了重要基础。

7.探索"土地整治+特色产业"模式,全面助力精准扶贫

工程建设始终围绕解决移民关心的问题,从工程建设技术方面、产业发展方面、脱贫攻坚方面、生活和谐方面、生态建设方面按照自治区"一村一品"全面开展研究部署,实现了精准扶贫。其中,在南部山区,依据项目区特点,结合地方特色产业,科学运用工程技术,为发展特色提供了重要保障,例如西吉县新营乡项目区实施后,摒弃原有产值效益低下的传统作物小麦和玉米等,通过种植马铃薯、西芹等特色果蔬作物,减少贫困人口1967人,减少建档立卡户383户,流转土地达2000亩,通过土地经营增收达565.22万元,为助力宁夏精准扶贫工作做出了重要贡献。

（五）宁夏中南部地区生态移民土地整治项目建设成效

1. 实施土地整治工程，全面推动精准扶贫

一是保障移民安置用地，推动了宁夏生态移民工程。2011—2016 年，通过实施生态移民土地整治项目，为移民安置新增耕地 3529.73 公顷，保障了宁夏"十二五"中南部地区生态移民土地整治用地需求，直接安置移民达 3.95 万户、16.93 万人，年均安置移民人口 2.82 万人。移民安置涉及县（市、区）达到 10 个及农垦集团渠口农场，其中涉及宁夏贫困县 7 个（其中国家级贫困县 6 个），实施土地整治项目 21 个，建设规模 15663.46 公顷，新增耕地规模 1256.68 公顷。

二是优化配置农田基础设施，促进农业增产农民增收。工程建设重点加强了节水增效和产能提升工作，完成土地平整土方工程量 2156.57 万立方米，完成各级混凝土防渗渠道砌护 2199.09 公里，各类田间输水管道工程 38020.14 公里，沟道治理 58.30 公里，整修田间路 725.24 公里，整修生产路 342.58 公里。依托工程技术，耕地质量普遍提高，农田基础设施配套更加健全合理，增加耕地产能 47386.1 吨。推动了农业增产，促进了农民增收，为移民"搬得出、稳得住、逐步能致富"奠定了重要基础，社会事业快速发展。

三是充分发挥联动工作机制，拓宽生态移民增收渠道。生态移民土地整治项目区部分现状以发展雨养农业为主，生态移民群众基本靠天吃饭，以务农收入为主要来源，加之常遭遇旱灾，移民群众收入基本处于全国贫困线以下。通过实施土地整治工程，项目指挥部在工程建设各阶段加强了与相关部门合作联动工作，在促进移民增收上，加强了新技术的运用、与特色产业的结合、与国家扶贫政策及资金的融合等，有效降低了农业生产成本，提高了农田产出率，减少了旱灾发生率，拓宽了收入渠道。据统计，工程建设实施后，仅通过实施高效节水每年实现亩均节约水费达 15 元以上，通过规模化经营实现土地流转亩均增收达到 300 元以上，通过实施旱改水新增和改善灌溉耕地 18972.7 公顷，旱灾发生率降低至 5%以下，通过将移民搬迁至条件相对优越地区，释

放贫困地区剩余劳动力,使劳动力转移达到19.26%,最终使18.86万人直接或间接受益,占2015年末自治区贫困人口总和58.12万人的31.93%。涉及农民因粮食、蔬菜和经济作物增收及参与工程建设人均年纯收入增加近1000元,项目区群众普遍增收,农民人均纯收入由迁出时全区平均水平的70%提升至近85%。

2.加强生态环境建设,落实生态立区战略

一是完善工程技术,加强生态移民项目区生态建设。工程建设涉及生态移民迁入区多为自然保留地,其中以沙地、裸地和其他草地居多。通过土地平整工程、移土培肥工程、农田防护工程等工程建设,完成土地整治面积2102.89公顷(3.15万亩),其中完成沙化与沙漠治理面积1402.56公顷(2.10万亩),完成盐碱地治理73.99公顷(0.11万亩),完成水土流失治理626.34公顷(0.94万亩)。栽植农田防护林78.77万株,形成农田防护林1575.30公里,建设沟道边坡草方格2310.25公顷(3.47万亩),平均提升绿色植被覆盖率4.83%,提升了良田保护屏障建设水平,改善了项目区生态环境,调节了区域小气候。

从生态环境建设重点与类型看,北部地区以土地盐碱化治理和沙漠化治理为重点,完成客土压沙工程量达到29.26万立方米,栽植防护林18.32万株,形成防护林带366.4公里;中部地区以生态保护与修复为重点,完成沙土外运土方量达到1.5万立方米,拉运脱硫石灰渣1.04万立方米,增施有机肥达到809.90吨,栽植农田防护林26.53万株,形成防护林带530.68公里,防护林密度达到0.06公里/公顷;南部地区以生态修复治理与水源涵养为重点,栽植农田防护林33.91万株,形成防护林带678.21公里,防护林密度达到0.07公里/公顷。经实施土地整治后,土地整治项目区植被覆盖率达到76.31%,整治前后平均提升4.83%。

二是减少人为活动,促进生态移民迁出区生态修复。通过工程实施,为生态移民迁出区移民提供生产生活用地,减少了生态移民迁出区人类活动对脆弱的生态环境的影响。据调查问卷数据显示,工程实施后,生态移民迁出区水土流失和土地退化将得到初步控制,森林覆盖率达到16%,植被覆盖率达到56%,复垦废弃农村居民点用地用于生态建设4740.31公顷(7.10万亩),生态移民迁出区生态恢复治理水平显著提高。

3. 统筹工程建设实施,切实促进社会和谐

促进生态移民社会和谐是确保生态移民"搬得出,稳得住,逐步能致富"的基本前提和最终目标,通过工程建设推动地区经济发展是推动城乡统筹发展,确保全面建成小康社会的重要保障,也是落实协调发展理念的重要举措。按照工程特性和建设目标,工程建设实施推动经济发展主要表现在促进农业增产、农民增收、节水增效和带动区域经济发展等方面。

一是统筹推进工程建设,加大特殊困难地区扶贫建设力度。据调查问卷,工程建设惠及农民群众达到18.86万人,其中惠及非生态移民群众1.93万人,惠及生态移民群众16.93万人,分别占惠及人口总数的10.23%和89.77%。其中,涉及贫困县7个(其中国家级贫困县6个),少数民族群众达到生态移民人口总量的60%以上。通过"大分散、小聚居"实施工程建设在保障生态移民群众的基本生产生活条件改善的基础上,也提高了生态移民区域当地居民的农田基本建设,改善了当地的农田生产基础条件,有效地促进了生态移民与当地居民群众的良好融合,有效地促进了少数民族群众生产生活改善,有效地解决了位于老少边穷地区居民收入来源单一问题,改变了"等、靠、要"的生活状态,降低和消除了生态移民地区的社会不稳定因素,有力地促进了社会和谐。

工程建设实施惠及人口主要为中部和南部居民,约占惠及人口总规模的90%以上,涉及县(市、区)主要为宁夏贫困县。通过实施生态移民工程,移民收入来源结构变化明显,其中,务工收入占67.8%,种养收入占23.5%,转移支付等其他收入占8.7%,基本上形成了以劳务收入为主体、特色种养收入为基础的增收格局。

二是建立完善政策机制,避免土地权属调整各方争议。工程建设实施前,自治区人民政府出台并下发了生态移民权属处置办法,自治区国土资源厅组织生态移民土地整治工程涉及县(市、区)编制了生态移民土地权属处置方案。同时,生态移民土地整治工程 32 个子项目实施前,由各市、县(区)组织设计单位对项目区所有耕地进行了调查,根据项目性质不同,除宁夏农垦渠口农场属国有土地外,其他项目区均为集体土地,权属关系清晰明确,无权属争议。

三是切实科学规划布局,保障移民群众收入来源多元。根据《宁夏"十二五"中南部地区生态移民规划》,工程建设为生态移民提供人均 1 亩水浇地,生态移民收入来源由移民搬迁前的"靠天吃饭"单一来源,调整为以耕地流转租金,城市、工业园区和产业园区务工收入作为主要经济来源,收入来源逐步呈现多元化。通过工程建设安置生态移民 16.93 万人,其中具备生产劳动能力的中青年人员约 5.61 万人,生态移民群众获取我国改革开放社会经济发展红利逐步增多,获取的方式更加多元。通过工程建设,与相关产业发展规划进行有效衔接,将移民搬迁至条件相对优越地区,有效地释放了贫困地区剩余劳动力,推动了宁夏产业发展和沿黄经济区建设,为社会经济发展提供了充足的劳动力,有力地推动了城乡统筹发展。

5. 贯彻耕地保护制度,实现三位一体保护

一是科学开发土地,保障新增耕地质量。工程建设实施过程中组织开展土地开发类子项目 6 个,完成宜耕未利用地开发规模 3029.6 公顷,占总建设规模的 13.20%,工程建设完成新增耕地 2628.56 公顷,新增耕地质量平均达到 10.07 等,新增耕地率达到 75.04%,生态建设与农田基础设施配套占34.24%,耕地质量明显高于原有耕地实施土地整治前耕地质量平均等别10.76 等。较高的耕地质量等别来自科学严谨的项目规划设计及完备的工程建设内容,通过配置一定比例的农田水利基础配套,保障了项目区灌溉水资源和生产条件的改善;通过实施有效的工程技术措施,提高和改善了新开发耕地的地力条件;通过实施并建设一定比例的防护林,加强了项目区生态建设,改善了项目区生态环境,降低了自然灾害风险,提高了耕地产出能力。

二是健全基础设施,提升原有耕地质量。工程建设实施农用地整理类子

项目 26 个,完成建设规模 19927.89 公顷,实现新增耕地 901.17 公顷,新增耕地率为 4.52%,工程建设实施旱改水 4317.09 公顷,占工程建设总规模的 18.50%,占建成后水浇地规模的 21.85%,耕地质量平均提高 0.6 等(国家利用等)。其中,项目区灌溉保证率整体达到了 85% 以上;农田土壤改良,通过客土压沙、拉运脱硫石灰渣、企业+农户的增施有机肥、生态建设等工程,实现了土壤改良;田间道路工程建设方面,通过配套完善田间道路和生产路,项目区田间道路通达度平均达到 85% 以上。

三是加强农田防护,降低自然灾害风险。工程建设始终将生态建设放在移民搬迁安置、生态环境改善和耕地保护的重中之重进行建设,通过工程建设林地规模增加 49.51 公顷,完成防护林建设 78.77 万株,移土培肥面积 5037.69 公顷,拉运脱硫石灰渣 1.04 万立方米,沙土外运 1.50 万立方米,客土压沙工程量 29.26 万立方米,实施灌溉与排水工程完成渠道砌护 2199.09 公里,铺设各类节水灌溉管道 38020.12 公里,完成沟道治理 50.30 公里,大规模减少了沙漠化侵蚀、风蚀、干旱、涝灾、病虫害等自然灾害风险。

6. 强化项目规划布局,优化国土空间格局

一是开展基本农田建设,巩固农业发展空间。通过工程建设建成高标准农田规模 3497.64 公顷(5.25 万亩),涉及生态移民土地整治项目 4 个,全部位于宁夏中部和南部区域。实施生态移民土地整治工程,健全和完善了农田灌溉设施,加强了土壤改良,实施了土地平整工程和农田防护工程,实现了现有基本农田的规模化、集中连片化和现代化,促使基本农田产出效益普遍提高,农业发展空间得到全面加强、提升和巩固。

二是衔接产业发展规划,促进产业规模发展。在工程建设规划布局过程中,着眼"移民致富"目标任务,充分衔接了宁夏城镇化、产业化发展相关规划,与相关部门进行密切协调、配合,形成了"以产业促就业、以耕地保口粮、以特色助增收"的移民致富策略,提升了宁夏承接产业转移能力,释放了移民剩余劳动力,拓宽了移民增收渠道,推动了劳动密集型工业和现代农业产业规模化、现代化发展。

三是加大生态建设力度,维护生态空间安全。通过实施生态移民土地整治工程,工程建设项目区新增林地面积增加49.51公顷,绿色植被覆盖率提高4.83%,达到76.31%,项目区生态建设得到全面落实。同时,通过将移民从迁出区搬出,并进行迁出区土地生态建设,移民迁出区农村建设用地整理复垦新增林地规模139.43公顷,实施生态修复使森林覆盖率达到16%,生态移民迁出区生态自然恢复与人工修复持续加大,生态空间得到全面保护。

7. 细化项目建设管理,保障工程建设效益

一是加强资金监管,确保资金使用安全。在工程建设实施过程中,严格按照中北部土地开发整理重大工程建设资金管理相关标准要求进行规范化、科学化管理,在预算与设计阶段严格执行了国家定额标准,并根据项目区建设条件与需求合理确定了土地整治工程措施,杜绝了工程建设资金浪费。在资金安全风险防范方面,工程严格执行了《宁夏回族自治区生态移民资金管理暂行办法》,并在县级财政部门开设资金专户,实行单独建账、单独核算,保障了资金的运行安全。在工程建设实施过程中,资金管理科学、使用规范、运行透明。

二是落实项目管理,保障工程建设质量。在工程建设实施过程中,严格执行了国家《土地开发整理标准》和《宁夏回族自治区土地开发整理工程建设标准》(GT001—2008)(试行),工程建设实施具有非常强的针对性,工程建设以项目区实际情况为基础,针对发展的限制条件和移民致富需求,进行了规划设计与实施。在前期设计阶段,工程项目部与专家组共同深入项目区进行实地踏勘调查,保障了前期规划设计的可行性与科学性;工程建设实施阶段,工程建设指挥部深入项目区组织开展阶段性工程现场督导工作;工程实施后期阶段,工程建设指挥部深入项目区查看工程建设质量,并针对工程建设实施过程中存在的问题及时有效地进行了优化、完善。

第八章　陕甘宁易地移民扶贫迁出区
土地整治的专题调研

易地移民扶贫迁出区土地整治是一项空间区域、战略目标、政策设计、路径选择等针对性均很强的具体工作,但该工作也与其他区域(如迁入区、城镇等)、他项工作(如产业发展、生态保护与建设、城镇建设、迁出区建设等)有着多种类型、或强或弱的经济、社会、生态联系。因此,需要从不同视角专题考察迁出区土地整治的相关问题。

一、土地整治与产业打造联动

土地整治目标在于提高土地利用效率,或者提高土地的经济产出,或者提高土地的生态产品产出。对于前者,土地整治需要与相适宜的产业打造相对应。

(一)调研主题①

众所周知,"易地搬迁扶贫"作为国家精准扶贫工作的重要举措之一,实施了多年,并已经和正在发挥着积极的作用。但是,根据调查了解,部分地方在实施这项国策的时候,比较重视"搬得出、稳得住、能致富",但也有些地方只关注"搬得出",而不太注重"稳得住"和"能致富"。原因是多方面的,既有

① 该专题调研时间是 2018 年 6—7 月。

搬迁移民单纯追求享受搬迁政策补贴的倾向,也有迁入区没有能够支撑"稳得住"和"能致富"的富民产业及其发展用地,从而出现搬迁移民返回迁出区的现象。正反两方面的实例表明,易地搬迁扶贫中迁入区建设及相应的产业发展培育,是迁入移民能够"稳得住"和"能致富"的关键环节,而土地问题又是其中的关键因素。所以,以土地整治和产业打造的联动发展作为主题,进行分析和研究,具有一定的现实针对性。

(二)调研区域选择及其贫困特点

1. 调研区域

本调查之所以选择古浪县作为样本区域,重点分析易地搬迁扶贫过程及其过程中土地整治与产业打造的联动模式。原因有三:一是甘肃省古浪县是国家扶贫工作重点县,又是深度贫困县,近年来精准扶贫精准脱贫效果明显。2014 年至 2017 年,全县累计减贫 11.08 万人,贫困人口下降到 2017 年底的 3.66 万人,贫困面下降到 10.47%。二是抢抓中央和省市加大易地扶贫搬迁的重大机遇,举全县之力实施易地扶贫搬迁工程。2012 至 2017 年底,已累计搬迁移民 1.8 万户 7.3 万人,其中黄花滩移民区 1.1 万户 4.6 万人。黄花滩移民区也是本次调查的重点区域。三是全县易地搬迁扶贫通过土地整治、水源体系和产业发展等,实现了"挪穷窝,拔穷根",做好了"搬"与"安"的大文章。①

2. 调研区域贫困特点

2013 年底,古浪县全县贫困人口 3.42 万户 14.23 万人,贫困发生率 39.86%,比全省平均水平高出 13.4 个百分点。古浪县贫困人口主要集中在南部高深山区、浅山干旱区和北部沿沙区,特别是南部山区山大沟深、干旱少雨,农业基础条件薄弱、产业结构单一,行路难、就医难、上学难、饮水难、就业难、增收难问题十分突出,生态保护与扶贫开发的矛盾尖锐,是扶贫开发最难

---

① 本调查所使用的情况和各种数据,都是依据县委、县政府及其主管部门提出的资料整理所得,属于第一手资料。并且,这些资料和情况都得到了当地政府的共识和认可。

啃的"硬骨头"。

由于客观条件的限制,古浪县的精准扶贫如果不采取搬迁方式,就很难从根本上解决问题。这主要有三方面原因:一是这些地区的贫困人口若是不搬,将会一直"穷下去",因为这些人口已经陷入"贫困陷阱"而难以自拔,客观条件确实难以改变。二是这些地方的贫困人口若是不搬而延续原来的生产生活方式,将会对生态环境形成巨大的影响,甚至将延续以往对生态环境有很大影响的生产和生活方式,因为这些地方地处祁连山东端,落后的土地开发方式、超载的游牧放牧等对生态破坏严重,为了养活人口不得不如此。三是对这些地方进行一般意义上的扶贫意义不大①,只能是短期的、暂时性的社会救济,难以实施生产性扶贫和创业性扶贫,也就是只能解决生存问题,而不能解决发展问题。

3.2012 年之前的移民开发工程

由于历史的原因和自然地理环境的不断恶化,贫困和落后长期困扰着古浪的发展。究其原因,高原地理和干旱缺水是造成这种局面的关键因素。为此,在党中央、国务院和国家有关部委、省地各级党委、政府、部门及世界有关组织、社会各界的亲切关怀和大力支持下,甘肃省景泰川电力提灌第二期工程于 1976 年 10 月开工建设,1993 年 10 月实现景电古浪灌区全面通水,并于 1999 年 11 月通过竣工验收。以景电二期工程建设为契机,甘肃省政府实施了景电工程向河西走廊调水工程,同步推进了沙地治理、生态修复、平田整地、移民搬迁、消除贫困等各项工作。此项工程对古浪县的移民搬迁扶贫促进作用很大。

根据调查和了解,目前,此项工程对搬迁扶贫的作用和成效主要有:

一是通过大型水利工程改善了当地水土资源条件。景电二期工程建成通水之后,全县实际水资源总量和人均水资源分别由上水前的 12800 万立方米、337 立方米增加到 22800 万立方米、599 立方米。结合工程建设,1985 年—

---

①　我们所说的一般意义上的扶贫,是指过去主要以社会救济、救助为主要特点的扶贫方式,这种扶贫方式输血特点突出,造血功能很弱。

1993 年,平田整地 311131.1 亩,其中农田 288979.2 亩、果园 1222.4 亩、林地 20929.5 亩。

二是水土资源条件的改善为易地搬迁提供了发展空间,并切实推动了移民安置与扶贫工作。伴随景电二期工程和平田整地工程,先后安置县内移民和原地居民 9.37 万人,天祝、东乡等外县移民 2100 人。1999 年底,灌区人口已达 27132 户、12.72 万人。同时,由于特色农业、现代农业的发展,人民生活水平大幅度改善。1999 年底,灌区日光温室面积达到 190 亩,规模养殖达到 12.25 万头(只),高效作物面积达到 21 万亩。农民人均纯收入达到 1076 元,比 1987 年增加 845 元。

三是以林业建设为抓手,推动了生态环境、生产环境、人居环境的同步改善。以治理沙害为目的,营造农田防护林和固沙林为重点,封、造、管并重,乔、灌、草结合,工程措施和生物措施配套,截至 1999 年底,累计造林 12.12 万亩,封沙育草 10 万亩,森林覆盖率由 1983 年的 3.64% 提高到 13.6%①。

4.2012—2017 年古浪县扶贫搬迁成就

自 2000 年以来,特别是自党的十八大以来,古浪县作为国家扶贫工作重点县,立足本地自然资源条件,切实推进精准扶贫、精准脱贫工作,特别是通过易地搬迁工程实现了贫困山区贫困群众的稳定脱贫。古浪县实施搬迁扶贫工程得益于国家的多项政策的大力支持。一是国家西部大开发战略和政策。二是生态移民工程和政策。三是精准扶贫工程和政策。四是深度贫困县域扶贫特殊政策。

易地扶贫搬迁总体情况。古浪县大规模的易地扶贫搬迁工程,主要是从党的十八大以来开始的,在这个时期,国家的支持政策非常有力。古浪县的大规模扶贫搬迁不仅仅是目前著名的黄花滩移民安置区,也包括其他安置区,甚至外地人口的移民搬迁安置都包括在内。本调查报告主要调查和了解古浪县内贫困人口的扶贫搬迁问题,所以,我们的统计数据是指古浪县内的扶贫搬迁

---

① 银守钰:《甘肃省景泰川电力提灌第二期工程:古浪灌区志》,甘肃人民出版社 2001 年版。

人口,不包括外地移民人口。根据县统计局的数据,从 2012—2017 年,古浪县易地搬迁 18108 户、72768 人,其中,向黄花滩安置区搬迁移民 11041 户、45965 人。

表 8-1　2012—2017 年古浪县易地搬迁移民情况

	2012 年	2013 年	2014 年	2015 年	2016 年	2017 年	合计
搬迁户数(户)	1353	1370	931	5110	2653	6691	18108
搬迁人口(人)	6098	6420	4298	21623	10031	24298	72768

资料来源:古浪县统计局,2018 年。

黄花滩移民工程是古浪县在 2012 年以来实施的重点移民工程。从建设内容上讲,该工程由水利骨干工程、田间配套工程和移民安置工程三部分组成:

黄花滩移民工程的水资源主要是由两部分构成,一部分是黄河景电提水和调水工程;另一部分是古浪河水坝。水利骨干工程于 2012 年开工建设,2013 年 6 月建成通水,工程完成渠管道建设 75.83 公里,其中新建及改建黄花滩干渠 30.56 公里;新建分干渠 3 条共 45.27 公里;新建各类渠系建筑物 353 座;各类渠系建筑物增加 14 座。

黄花滩移民工程的土地整治是以荒滩地为主,包括小部分原来的耕地。这里的土地基本上属于河西走廊戈壁土地。田间配套工程主要包括土地平整、田间灌溉设施配套和中小型蓄水池建设。截至 2017 年底,已平整产业用地 9.2 万亩。

黄花滩移民工程移民安置工程建设。按照规划,黄花滩移民工程实际上要建设 14 个安置区,其中一个是福利型的养老区。截至 2017 年底,黄花滩生态移民扶贫开发易地搬迁工程先后开工建设 12 个移民点,目前已经建成 9 个。建成住宅 14551 套,分配到户 12014 套;搬迁入住 11041 户 45965 人。各移民点同步配套了水、电、路等基础设施和学校、幼儿园、卫生室、文化广场、村级综合服务中心等公共服务设施,改善了人居环境。

表 8-2　黄花滩各移民点住宅建设及移民安置情况（截至 2017 年底）

移民点		建设时间	住宅建设		搬迁入住移民	
			建成住宅（套）	分配住宅（套）	户数（户）	人口（人）
感恩新村（6 号点）		2012	918	917	918	4416
富康新村（7 号点）		2014	335	303	335	1375
阳光新村（5 号点）		2013	1035	1034	1035	5045
圆梦新村		2014.1	1000	931	931	4298
为民新村（3 号点）		2014.8	926	926	926	4044
惠民新村（8 号点）		2014.9	786	768	768	2868
立民新村（2 号点）	A 区	2014.9	589	589	589	2554
	B 区	2016	1369	1369	1369	4548
爱民新村（1 号点）		2015.8	747	747	747	3137
兴民新村（9 号点）		2015.9	1259	1259	1259	5363
10 号移民点		2017.3	641	641	641	2733
11 号移民点		2016.3	1058	1058	1058	4511
绿洲生态移民小城镇		2016	3888	1472	465	1073
合计			14551	12014	11041	45965

资料来源:古浪县统计局、古浪县扶贫办公室,2018 年。

（三）三类空间:分类推进土地整治

黄花滩移民区建设总是与土地整治工作同步开展。根据调研,黄花滩土地整治整体遵循以下思路或原则:一是可开发利用。二是具有经济价值。三是规模化整治与开发。四是按照生产、生活、生态三类空间分类推进土地整治工作。

1. 生产区土地整治

根据《黄花滩生态移民暨扶贫开发黄花滩项目规划》,移民区搬迁群众按人均 1.75 亩平整分配产业用地,规划平整土地约 11.42 万亩。截至 2017 年底,已平整产业用地 9.2 万亩。分配口粮地 14160.29 亩,分配经济林用地 16742.19 亩,日光温室用地 2174 亩,养殖棚用地 14350 亩,共计分配土地 47426.48 亩。其中休耕项目种植(箭筈豌豆)用地 10000 亩,经济林种植用地

16000.19 亩,日光温室种植用地 2174 亩,共计种植用地 28174.19 亩。另外,还有 24455.8 亩正在规划和分配中。

2. 生活区土地整治

截至 2017 年 11 月底,黄花滩生态移民扶贫开发易地搬迁工程先后开工建设 12 个移民点,建成 9 个,建成住宅 12803 套,分配到户 12560 套,未分配到户 243 套,搬迁入住 11041 户 45965 人。按照户均 4.2 人计算,目前已建成住宅将安置 53300 人;按照人均建设用地 120 平方米计算,已建成移民点建设用地面积约为 9595 亩。

3. 生态区土地整治

贯彻落实习近平总书记"山水林田湖是一个生命共同体"的科学论断,借助祁连山生态修复与保护、生态功能区转移支付、退耕还林、沙漠治理等重大生态项目支持,实现了土地开垦、设施农业发展、移民区建设的同步推进,实现了生态优先,绿色发展"美环境"的建设目标。

迁入区。黄花滩移民区位于腾格里沙漠边缘。在移民区建设过程中,在甘蒙省界沙漠腹地埋压草方格沙障 6.52 万亩,完成造林 5.2 万亩。在移民区外围建设防风固沙林带,在产业区建设农田林网,在住宅区进行通道和街头巷尾绿化,完成防风固沙林 3.16 万亩,栽植景观树 4.1 万株、梭梭等沙生植物 1000 多万株,做到了"人进沙退",形成了田成方、林成网、渠相通、路相连的格局。

迁出区。在南部迁出区,将移民搬迁后的闲置耕地、宅基地、山头等列为生态建设的重点区域,大力实施封山育林、退耕还林、退牧还草工程,通过宅基地整治复绿、人工促进、天然更新等措施,全面恢复迁出区林草植被,提升水源涵养功能,促进生态良性循环,林区植被覆盖率由搬迁治理前的不足 10% 提高到目前的 80% 以上。

(四)四个发力:打造新型产业体系

黄花滩产业打造的思路或原则是:一是坚持市场原则,根据市场需求培育和发展产业。二是发展具有现代化特点的产业,即现代化种养业、设施养殖、工厂化养殖、科技化种养殖、标准化种养殖等。三是同步推进新型职业农民与新型农业经营体系的"双新"体系构建。

1. 基础打造

设施养殖业。截至 2017 年底,移民区累计建成养殖暖棚 17172 座,其中 2016 年 10 月至 2017 年 12 月开工建设 1 号点、9 号点、11 号点共 3 个养殖小区 576 户 2304 座,建成养殖暖棚 410 户 1640 座。基于土地整治和养殖暖棚建设,黄花滩移民点在养殖场标准化建设、种羊引进繁育、饲草料种植青贮、疫病防控、市场销售等方面不断加强引导和建设管理,逐步实现规模化、效益化、品牌化发展。

日光温室。截至 2017 年底,移民区累计建成日光温室 3805 座,其中 2017 年新开工建设 5 个日光温室产业园,续建为民新村千亩日光温室产业园,日光温室(钢架大棚)墙体完工 3030 座,安装钢架 2199 座,扣棚 2008 座,定植 568 座。平均每座收入达到 1.8 万元,经济效益良好。

表 8-3　黄花滩移民点设施农业建设情况(2017 年底)

移民点		养殖暖棚(座)	日光温室(座)
感恩新村(6 号点)		1707	263
富康新村(7 号点)		756	——
阳光新村(5 号点)		2227	——
圆梦新村		4002	——
为民新村(3 号点)		3682	758
惠民新村(8 号点)		1800	129
立民新村 (2 号点)	A 区	——	——
	B 区	1014	118
爱民新村(1 号点)		812	144
兴民新村(9 号点)		624	273
10 号移民点		——	138
11 号移民点		548	17
绿洲生态移民小城镇		——	1965
合计		17172	3805

资料来源:根据实地调研资料和地方政府职能部门提供资料整理制作。

特色林果业。随着"下山入川"生态移民搬迁工程的实施,按照"区域化布局、标准化栽培、集约化生产、产业化经营"的原则,2014 年开始在黄花滩生态移民区重点推广发展以枸杞为主的特色林果产业,目前已建成以枸杞为主的特色林果基地 2.90 万亩,其中:枸杞 2.66 万亩,红枣 0.23 万亩,其他 0.01万亩。为改善耕地沙化现状,在耕地田埂上压草方格,种植梭梭嫁接肉苁蓉,在实现经济效益的同时也发挥了显著的生态作用。通过特色林果基地建设,大幅提高林、草植被的覆盖度,减少水土流失,增强防风固沙、保持水土、净化空气等生态功能,有利于遏制荒漠化土地的蔓延势头,保护和恢复生态环境。

光伏扶贫。古浪县还探索推进光伏扶贫,重点扶持无劳动能力、无增收能力的建档立卡搬迁群众脱贫致富。2015—2017 年,投资 1.83 亿元,在黄花滩移民区建设装机容量 22.4 兆瓦光伏扶贫发电项目,带动 1600 户建档立卡贫困户脱贫,每户每年受益 3000 元,持续获益 20 年。

2. 主体打造

在黄花滩移民区建设的过程中,农村微观经济基础或者说是经营组织发生了极大变化,突出表现是培育和发展了以合作社、龙头企业为主体的新型经营主体,如古浪县肉羊协会,发乾、东盛、富康等标准化、公司化的养殖场,绝大多数搬迁农民都进入这些经营实体就业打工,或者与公司之间建立"公司+"的经济联系。安置区的农民不再是以各家各户的形式进行生产和交易,公司成为安置区农业产业发展的主要领军组织。

3. 职业农民打造

伴随空间转移,搬迁移民的生产、生活方式也要相应地转型,突出表现就是从传统农民向现代职业农民的转变。一是以设施养殖、设施种植等生产管理技术为培训重点,集中对移民区群众进行了实用技术培训,切实提高了生产技能。二是实行包片包棚责任制,农林、农牧技术人员和乡镇农技人员长期驻村入户,通过建立科技指导直接到户、良种良法直接到田、技术要领直接到人的技术服务网络,切实提高了农业科技化水平。三是农民不仅自己在自家田地耕作,还到合作社、龙头企业、种养大户等新型经营主体统一经营的养殖暖棚、日光温室、林果田地中"打工",以领工资的方式参与农业生产。

4.经营方式打造

以实现市场化经营为目标,培育多种新型经营方式:一是生产组织初步呈现"企业+基地+专业合作组织+农户"模式。二是部分产业基本呈现出生产、加工、储藏和销售一体化经营的发展趋势。比如,古浪县绿洲生态移民产业合作社重点发展林果精深加工储藏,建立集生产、加工、储藏和销售为一体的产业链条,目前已建成优质枸杞基地9000亩,计划投资1700万元,新建枸杞烘干房70座,清洗脱蜡设备2套、色选设备1套、粒选设备2套,现已完成生产用地硬化和厂房的建设,其他各项正在筹建中。三是培育和建设农产品专业交易市场。例如古浪森茂牛羊交易市场、皇花种羊场等。四是创新养殖业模式,如创新发展了托管分红、农户自养、劳务帮带等多种方式和村民合作。

(五)五大联动:土地整治与产业打造一体化

古浪县在易地搬迁过程中创新性地推进了土地整治与产业打造的联动发展,有效解决了很多地方易地搬迁过程中所面临的土地制约与产业发展滞后的问题。这种做法具有一定的实效性和典型性,所以,可将其称之为"联动模式"。

1.联动内涵

这个联动模式包括五大联动:一是在迁出区与迁入区之间构建畅通的空间联动机制,推动空间发展权的有序转移,实现农民主体与劳动客体的联合转移。二是水利工程、荒漠化治理工程、流域综合治理等工程与土地整治工程的联动,既包含生产用地、生活用地与生态用地三类土地资源整治及其相互间的联动开发,也包含迁出区建设用地复垦或生态恢复与迁出区荒滩整治为建设用地、产业发展用地之间的联动,生态保护与恢复、生态与产业之间的关系得到比较妥善的处理。三是土地整治与产业发展之间的联动,土地整治为富民产业拓展发展空间,产业发展赋予土地新的用途。土地整治目标瞄准温室农业、温室养殖等高效农业,投资比较大,产出也大。四是各个农业产业之间实现了横向合作、联动开发、互补建设、合理布局的目标,既包含日光温室、养殖暖棚、林果业等业态之间联动,也包含新型经营主体与新型职业农民之间的联动。五是土地整治、产业发展与居民区和福利区建设之间的联动,实现了扶贫人口与福利人口的分别安置,很好地解决了"发展一批"与"养一批"的关系,实现了综合效益的最大化。

2. 联动机理

从黄花滩移民工程的运行机制上讲,有三大运行机制在起关键作用:一是水利骨干工程为田间配套工程提供了前提条件,使得土地平整与农业种植具备了必需的水利条件。二是田间配套为移民安置工程奠定了空间基础,既为生存开辟了生活空间,也为发展拓展了产业空间,更为可持续发展保障了生态空间。三是产业发展为土地赋予新的用途和新的价值,也为农民转型就业和发展致富提供新的发展机遇。

从黄花滩移民工程的内在逻辑上讲,土地整治与产业打造联动发展是推动黄花滩移民工程实施成功的关键。一是因为水利工程与田间配套都属于土地整治的范畴,两者将原来荒滩、荒沟、沙滩等未利用土地整治为能够为人类开发利用的建设用地和产业发展用地,是移民工程能够得以实施的空间保障与前提基础。二是因为"乐业"是移民"安居"的前提条件。整治之后的土地一方面用于安置移民,用于建设住宅、医院、学校等,使得移民能够"安居";另一方面,整治后的土地用于产业发展,用于种植经济林果、建设养殖暖棚、种植牧草等,使得移民能够"乐业";就业之所与增收之道有机结合。

古浪县实施黄花滩移民工程,其工程背景、移民对象、搬迁方式、建设格局、发展途径、经营方式等,都具有一定的典型性。古浪县黄花滩移民工程的成功经验在我国西部类似地区,具有一定的借鉴意义。一是对于深陷"贫困陷阱"的贫困区域而言,易地搬迁是最有效的脱贫途径。二是迁入区选址、土地利用规划及土地整治是移民工程的前提条件。三是整合和协调推进土地、生态、水利、产业等各项涉农政策和相关工程项目建设,是移民搬迁顺利实施的政策保障。四是土地整治与产业打造必须联动发展,这是迁入区建设的关键环节,也是移民"安居乐业"的重要支撑。

（六）存在问题与建议

调查发现，尽管古浪县黄花滩移民工程建设过程中土地整治与产业打造联动发展的积极作用正在发挥，但也存在一些需要完善的地方。一是迁出区土地整治相对滞后，存在一定程度的"重迁入区建设、轻迁出区生态恢复"的现象。二是迁入区建设资金相对短缺，国家的资金主要用于解决安置问题，发展投入还是不足。三是产业发展仍显缓慢，一些居民存在"等、靠、要"现象。四是日光温室、养殖暖棚等现代农业设施建设层次高，但具体产业类型有待优化，部分农民也缺少这方面的生产经验，存在技术性短缺。五是缺乏能够带动产业"产、运、销"一体化发展的龙头企业和大型合作社，新型农业经营主体培育滞后。

针对上述问题，结合实地调查，要将土地整治与产业打造联动发展的作用进一步发挥，需要解决好以下问题。一是从贫困地区，特别是深度贫困地区长远发展计，建议加大易地搬迁扶贫力度，提高迁入区建设水平与发展质量，实现近期脱贫与长远乡村振兴的有机结合。二是从迁出区生态环境保护与治理、土地资源盘活出发，关于易地搬迁扶贫，既要认真做好迁入区的相关建设工作，也要扎实做好迁出区生态环境治理与土地资源的盘活利用工作。三是从实施易地搬迁扶贫项目的可行性角度看，建议通过"利用城乡建设用地增减挂钩政策支持易地扶贫搬迁"的相关政策，解决易地搬迁扶贫中突出的资金与土地问题。四是从迁入区经济社会繁荣发展计，建议因地制宜，建设现代化的农业产业体系、生产体系和经营体系。

二、土地整治与农村新型经营体系建设

（一）调研主题①

从 2013 年中央一号文件，尤其是党的十八届三中全会提出"鼓励承包经

---

① 该专题调研时间是 2016 年 12 月下旬。

营权在公开市场上向专业大户、家庭农场、农民合作社、农业企业流转,发展多种形式规模经营"以来,党中央和国务院相继出台了相关政策,目标导向主要在于促进适度规模经营与打造农村实体经济。随着农村综合改革,尤其是土地经营制度改革(以下简称"新土改")的日益深入,有必要对"新土改"与新型经营主体培育协调推进的实际情况做一个系统调查,从而总结出新时期农村经济发展新动能加快培育的有效模式。本专题立足于党的十八大以来中央关于农村改革顶层设计的宏观大背景,以甘肃省白银市平川区黄峤镇(以下简称"黄峤镇")为样本,通过个案调查和研究,着重分析干旱贫困农村"新土改"、土地整治与农业经营模式创新同步推进的有效模式。

(二)个案选择及其特点

选择黄峤镇作为调查样本与研究个案,主要基于以下原因。一是黄峤镇是典型的以农牧业为主的半山半川镇。全镇总面积 312 平方公里,平均海拔 1900 米,年均气温 7.8℃,年降雨量 230—280mm,年蒸发量 1200mm,无霜期 150 田,属典型的干旱山区镇。二是人均耕地面积少,土地质量差。全镇总耕地面积为 4.93 万亩,其中:水浇地 0.67 万亩、旱地 4.26 万亩(旱土地 1.3466 万亩、旱山地 1.5221 万亩、旱坝地 0.3953 万亩、旱沙地 0.996 万亩)。三是黄峤镇是典型的贫困乡镇。黄峤镇现辖峤山、焦口、神木头、双铺、马饮水、玉湾、牛拜等 7 个村,32 个村民小组,3097 户,12390 人。其中,峤山、焦口和神木头 3 个行政村被列为省定贫困村。全镇建档立卡贫困人口 856 户、3668 人,占全镇总人口的 27.92%。四是黄峤镇以土地制度改革为契机,以农业企业、种养大户、专业合作社等新型经营主体积极培育为抓手,以当地工商资本投资农村现代种养业为助推,逐步形成了"新型经营主体+新型职业农民"和"土地流转+土地整治+规模经营+产业培育""双向"推进的农业发展模式,既有效盘活了当地劳动力和土地资源,也激活了当地市场和改善了当地生态环境,以改革促发展的成效显著。2016 年,全镇农民纯收入 6398 元。五是黄峤镇扶贫方式、改革举措、发展模式等在全国类似贫困地区具有典型意义。

表8-4　黄峤镇建档立卡贫困人口（2016年底）

村名	峤山村	焦口村	神木头村	双铺村	马饮水村	玉湾村	牛拜村	全镇
贫困户（户）	118	178	128	121	155	54	102	856
贫困人口（人）	495	746	552	539	645	217	474	3668

注：根据实际调研资料整理。

（三）主体培育：新型经营主体+新型职业农民培育

1. 新型经营主体培育

目前，黄峤镇发展的新型经营主体类型主要有四种：农民资金互助协会、农民专业合作社、种养企业和种养大户。

（1）新型经营主体培育的主要类型

农民资金互助协会。全镇共有农民资金互助协会7个，入社社员共654人（其中，贫困户入社社员380人，占入社总人数的58.1%）；共注入互助资金297.77万元（财政专项资金279万元、农户交纳互助金18.77万元）。

表8-5　黄峤镇农民资金互助协会入社成员情况（2016年底）

	村名	峤山村	焦口村	神木头村	双铺村	马饮水村	玉湾村	牛拜村	全镇
	入社社员（人）	107	130	108	99	36	54	120	654
其中	贫困人口（人）	60	80	33	57	23	27	100	380
	占贫困人口比重（%）	12.12	10.72	5.98	10.58	3.57	12.44	21.10	10.36

注：根据实际调研资料整理。

农民专业合作社。全镇共有种养殖农民专业合作社81家，其中：种植合作社39家，养殖合作社42家。全镇贫困村贫困户加入合作社共计765户，占贫困总户数的89.4%；为贫困户增加年收入1147.5万元，每户年收入达到1.5万元以上。

种养企业。截至2016年底，黄峤镇比较典型、规模较大的种养企业有三鼎乳业、靖羊公司、顺宝养殖等11家企业，已投资共31853万元，吸纳就业965

人,流转土地10400亩(占总耕地面积的21.1%),产值19510万元。

表 8-6　黄峁镇典型种养企业基本情况统计表(2016 年底)

企业名称	已投资 (万元)	成立日期	吸纳就业 (人)	流转土地 (亩)	生产规模	产值 (万元)
三鼎乳业	7000	2012 年	400	2000	养牛 1200 头,种植 优质饲草 2000 亩	5000
靖羊公司	5000	2012 年	100	300	羊存栏量 7500 只	1000
顺宝养殖	2000	2013 年	20	200	肉羊 1200 只	800
北岩公司	2000	2014 年	10	100	肉羊 300 只	900
清贵公司	812	2012 年	100	3000	苜蓿 1200 亩, 其他约 1000 亩	200
丰嘉晟公司	7981	2014 年	200	2450	肉羊饲养 1 万只	2000
正兴公司	300	2013 年	10	100	肉羊养殖 1000 只	50
得宝公司	2000	2008 年	10	100	种猪存栏 2000 头	2000
承翔公司	1000	2012 年	10	100	小尾寒羊 500 只	7000
平祥公司	260	2013 年	5	50	肉羊存栏 200	60
甘肃沁林丰 药材公司	3500	2014 年	100	2000	黄芪、板蓝根种植 2000 亩, 年加工(切片)100 吨	500
合计	31853		965	10400		19510

注:根据实际调研资料整理。

种养大户。目前,黄峁镇有生猪养殖户 80 户、肉羊养殖户 430 户、奶牛养殖户 1 户;生猪存栏达到 1.9 万头,羊存栏达到 4.82 万只,牛存栏达到 1430 头。其中,峁山村现有生猪养殖大户 1 户 70 头,养羊大户 1 户 200 多只。焦口村养殖户 758 户,其中养羊 53 户共养殖 2718 只(其中 50 只以上的养殖户 42 户),养鸡 2 户,饲养数量 3000 多只,养猪 4 户饲养 31 头。神木头村养殖大户共计 71 户,其中养羊大户 65 户、饲养数量 4325 只,养猪大户 2 户、饲养数量 153 头,养鸡大户 2 户、饲养数量 2000 只。双铺村发展起了得宝养殖有限公司、靖羊养殖有限公司、清贵种植农民专业合作社等种养殖企业及合作社。马饮水村现有生猪养殖大户 10 户、饲养 1876 头,养羊大户 72 户、饲养 6428 只,养鸡大户 3 户、饲养 10600 只。玉湾村现有生猪养殖大户 4 户、饲养

350 头;养羊大户 100 户、饲养 6000 只。牛拜村现有 200 头以上养猪户 1 户,100 头以上的养猪户 4 户,养羊 5 只以上的 15 户,养鸡 2000 只以上的 2 户。同时,养猪户自发组织成立了黄峭镇牛拜村专业养殖合作社和海忠养殖合作社。

(2)新型经营主体培育的主要特点

根据实际调研,黄峭镇新型经营主体具有以下特点:一是企业法人或合作社法人,即致富带头人主要是本地人,特别是当地"煤老板"转型投资现代规模种养业,能够有效整合农村发展要素,带动当地农民发展致富。二是经营组织方式多种多样,既有企业组织形态,也有合作社组织形态和种养大户的组织形态,具有较强的运行灵活性和市场适应性。三是经营主体与农民之间的利益联结方式多种多样,目前主要有土地入股分红型、打工领工资型、生产经营合作型等方式,逐渐形成了良好的发展共赢机制。四是发展方向和产品类型符合本地资源禀赋条件和发展基础,重点是发展特色种植业和养殖业。五是经营理念科学而先进,既注重聘请高校、科研院所等单位的科研人员做指导,也注重运用滴灌、喷灌等现代生产方式和电商等现代营销方式。六是黄峭镇涉农企业、合作社等的运行特点和发展效果符合国家对于农村新型经营主体培育的要求。

2. 新型职业农民培育

(1)政府或企业组织农民技能培训

黄峭镇多途径、多平台、多方式组织农民技能培训,既提高了农民外出务工能力,也提高了农民就地转型参与现代农业的能力。一是以种植业和养殖业实用技术培训为重点,由政府或当地用工企业组织,培训新型职业农民。二是以进城务工为导向,以"两后生"培训和农民技能培训为平台,注重电焊、驾驶证、计算机等技能培训。

(2)企业吸纳农民就业

黄峭镇发展起来的涉农公司,是以公司制农场、公司制牧场为主,大量吸纳了当地农民。2016 年底,课题组在黄峭调研的 11 家企业吸纳当地农民 965

人就业。其中,三鼎乳业吸纳 400 人,丰嘉晟公司吸纳 200 人,清贵公司吸纳 100 人,靖羊公司吸纳 100 人,甘肃沁林丰药材公司吸纳 100 人。发展实践表明,传统农民变成了在公司就业、有技能的现代产业工人,拓展了稳定增收的渠道,提供了农民致富能力。

（3）培育特点

黄峤镇在新型职业农民培育过程中,呈现出以下特点。

一是思想观念转型。在全面解决温饱问题的基础上,农民不再满足于吃饱饭,而且要追求更高收入、更加体面的生产方式与生活方式,并且在城乡信息、人员流动的日益便捷和快速的大背景下,伴随着农民生产方式的转型,农民思想观念也发生了转型。在目标追求上,从以往种田存粮温饱型的务农作业转变为现今进军第二产业、第三产业并且多种方式相结合的更高水平的现金收入追求;在生产内容的选择上,不再受已有技能的制约,也不再局限于单纯的种植养殖,为了获取较高工资,接受培训或主动参与培训的意愿较强,从事新型农业生产活动倾向比较明显;在活动范围的选择上,可在本村企业就业,也可在外村企业就业,甚至不再局限于本村本乡本县,而是在全国范围甚至在全球范围内进行就业选择,不再将"离乡背井"看成是负担。

二是生产方式转型。从以往分散的、以户为单位的农业生产,转变为到公司就业,参与公司制经营、企业内分工、协同合作式的现代组织生产活动;从以往传统的"面朝黄土背朝天"式的种植方式转变为现今人与机器分工、机械化作业的种植方式,或者全程智能化、信息化、电气化的养殖方式或者加工方式。总之,单个农民在农业生产过程中的角色定位、活动方式、生产能力等发生了重大变化,社会分工与经济组织关系进一步加强。

三是社会身份转型。是否领工资是以往农民与市民或者农民与工人、公务员的主要区别。现今,在公司就业的农民,也成了领工资的职业农民。农民不再是一种社会身份,而变成了一种就业形态,与工厂就业的工人、超市工作的售货员、政府部门工作的公务员一样,并没有本质上的区别,都是社会分工下的就业岗位类型。

(四)产业发展:土地流转+土地整治+产业培育

1. 土地确权颁证与土地流转

2013 年,白银市平川区委、区政府决定将黄峤镇确定为全区农村土地承包经营权确权登记颁证工作试点乡镇。黄峤镇试点工作涉及 7 个村 32 个社,实际登记 2517 户,登记地块总数 26194 块,地块测绘总面积 11.753424 万亩。截至目前,全镇 7 个村均完成土地确权二轮公示。近年来,黄峤镇不断加大土地流转规模,累计完成土地流转面积 1.35 万亩,每亩流转费用 40 元左右,每年累计增加农民收入 54 万元;其中:流转贫困户土地共计 0.86 万亩,占全镇土地流转总数的 63.7%,增加贫困户土地流转收入 34.4 万元。

2. 土地流转与土地整治

黄峤镇是一个高寒阴湿、土地贫瘠、人口贫困的干旱半干旱的贫困地区。近年来,黄峤镇基于家庭农场、合作社等新型经营主体培育与发展,对于境内"荒山、荒滩、荒沟"等"三荒地"流转、土地整治、开发利用为主的土地资源盘活与现代农业发展模式。各类新型经营主体流转、占用、整治、开发、经营的土地中,主要是以"三荒地"为主,具有流转成本低、效率高的特点,同时具有经济价值、生态价值和社会价值。流转成本低,近几年"三荒地"流转成本为20—50 元/(亩·年),相对来讲,水浇地土地面积小,流转率低,且流转成本高,一般为 200 元/(亩·年)。兼具"生态+经济+社会"三重功能,主要是指通过土地整治和田间道路、水利等基础设施建设,发展现代种植业、饲草业、特色林果业等生态经济,拓宽了农业增收的渠道与发展空间,并且因为生态经济和现代农业发展,外出务工人员纷纷回乡创业,激活了当地市场经济活动;同时,在原有荒凉的土地上长出了绿色,改善了当地自然环境条件。

3. 规模经营、产业培育与产业扶贫

(1)种植业

全镇特色产业主要以中药材、枸杞、玉米、马铃薯、荞麦等小杂粮种植为主。近年来,黄峤镇积极引导农业由传统向现代转型,努力走出一条生产技术先进、经营规模适度、市场竞争力强、生态环境可持续的特色新型农业现代化道路。截至 2017 年 6 月,全镇共发展种植专业合作社共计 39 家,带动农户大力发展双垄沟播玉米、脱毒马铃薯、优质牧草、枸杞和中药材等特色种植,切实提高群众农业收入水平。全镇完成农作物播种面积 4.176 万亩,其中:完成小麦种植 0.4 万亩、油料种植 0.15 万亩;玉米种植 1.626 万亩;马铃薯种植 1.3 万亩,籽瓜种植 0.27 万亩,豆类、荞麦等小杂粮种植 0.25 万亩;紫花苜蓿种植 0.5 万亩,中药材种植 0.65 万亩,枸杞种植 3500 亩。其中,贫困户种植情况为:全镇 856 户贫困户共完成小麦种植 2100 亩、油料 600 亩、玉米 9500 亩、马铃薯 7500 万亩、籽瓜 1000 亩、小杂粮 1100 亩、紫花苜蓿 3100 亩、中药材 3500 亩、枸杞 300 亩,增加贫困户经济收入共计 3649.1 万元,每户贫困户经济收入将达到 1.2 万元左右。

（2）养殖业

全镇养殖业主要以羊、鸡、猪、牛为主。近年来,黄峤镇以"公司+合作社+农户"的养殖模式,依托白银顺宝养殖有限公司、甘肃靖羊生态养殖有限公司和甘肃三鼎奶牛养殖有限公司,不断带动周边农户发展小规模养殖。截至 2017 年 6 月,发展白银正兴、白银平川宝顺等养殖专业合作社共计 42 家,发展得宝、靖羊、三鼎等规模养殖企业 7 家;发展 50 只以上养羊户 430 户,100 只以上养羊户 285 户,其中贫困户 275 户,增加经济收入 1760 万元。截至目前,生猪存栏达到 1.9 万头,羊存栏达到 4.82 万只,牛存栏达到 1430 头。

（五）基于土地整治的"双向"模式:主体培育+产业发展

1. "双向"模式的内涵

黄峤镇在近年来的精准扶贫过程中,以"新土改"相关政策体系的出台为契机,以新型农村经营主体培育为抓手,以实现规模经营为目标,逐步形成了"双向"现代农业发展的新模式,即以"新型经营主体+新型职业农民"为核心的主体培育和以"土地流转+规模经营+产业培育"为核心的产业发展所构成的"双向"推动发展新模式。黄峤镇的实践表明,相对于家庭联产承包责任制下的农户分散经营,通过培育公司制农场、公司制牧场、农民专业合作社、种养大户等新型经营主体,既在生产关系层面重组了当地的微观经济基础,理顺了农村经济发展关系,也在生产力层面有效盘活了农村土地、劳动力和资金等发展要素,并着力培育了农村经济发展新动能,促进了农村生产力的发展。

2.“双向”模式的运行机理

分散经营向集中经营转型。跟其他地区一样,黄峤镇在20世纪70年代末、80年代初实施家庭联产承包责任制的时候,承包土地是按照人口平均分配土地,并且遵循“远近、贫瘠”搭配的原则,再加上定期调整和兄弟间成家立户时的耕地再分,致使每家每户的耕地细碎化问题严重,分布零散、条块分割,经营成本高、效率低,不利于大型农机具和现代农业科技的推广应用。这样的耕地条件和传统的耕作方式,可在一定程度上解决温饱问题,但是难以应对城乡市场对农产品种类、品质的需求变化,更难以融入现代信息条件下城乡之间、区域内外、国内国外相互联通的大市场环境,所以以传统分散的经营方式难以实现增收致富的目标。以公司制种养企业、种养大户、农民专业合作社等形式多样的新型经营主体,促进了土地集中、资本集中、人才集中、资源集中,实现了分散经营向集中经营、集约经营和规模经营的转变,初步取得了一定程度的规模经济效益。

实物收入向综合收入转型。过去传统农户的收入来源是务农收入,主要以小麦、玉米、土地等实物收入为主,只有少部分农作物的销售现金收入。现在,在“双向”经营模式下,农户收入的来源多元化,主要有土地租金收入、务工收入、公司打工的工资收入等,且以现金收入为主。一是增加土地租金收入(或土地入股收入)。近几年的耕地流转费用一般为50—100元/(亩·年),其中,压沙地等“三荒地”流转费用为20—50元/(亩·年),旱地流转费用为50—100元/(亩·年),水浇地流转费用为200元/(亩·年)。在流转土地的种类中,以“三荒地”和旱地为主,特别是旱地,在之前多处于撂荒,现在因流转、集中和完善滴灌等设施,得到了企业和合作社的规模化经营,实际上盘活了农户的土地资源,也增加了农户收入。二是农户在公司就业获得工资性收入。随着新型经营主体的发展,再加上技能培训,当地农民到各类新型经营和服务主体就业转型成了有技能的、农业产业工人,增加工资性收入。2016年底,黄峤镇种养企业吸纳当地农民960余人就业。三是提升种植业收入。黄峤镇的部分养殖企业不仅自己种植大面积饲草,而且与农民形成了良好的经营协作关系。通过发展订单农业,农民从以往的种植小麦、食用玉米为主,现在转型为养殖企业种植和提供青饲玉米,稳定地提高了农户的经营收入。当地农民为养殖公司种植青饲玉米的年收入一般为1500元/亩,是传统玉米种植收入的2陪。黄峤镇的实践表明,农户收入来源的多元化,避免了传统单一收入来源的波动性大、保障性差的问题,有助于农户稳定增收,更有助于贫困户稳定脱贫。黄峤镇2015年脱贫133户574人,返贫2户9人;2016年,脱贫271户1196人,剩余贫困人口434户1837人。

　　风险独担向风险共担转型。在传统一家一户的分散经营中,农户在种什么、种多少、怎么种,养殖什么、养殖多少、怎么养殖以及农产品在哪卖、怎么卖等问题上,大多都是依据传统经验和周边农户做法自主决策,难以根据市场行情变化独立判断和科学决策。同时,农产品销售收入全凭市场行情,市场价格好的时候收入高,市场价格不好的时候收入低,甚至出现农作物丰收但价格低致使谷(菜)贱伤农的恶性循环,可以说,农民务农收入带有听天由命的无奈。再者,在种植过程中的选种、播种、除草、施肥、修剪、收获等各个环节,或养殖过程中的育肥、疫苗、繁育、销售等各个环节,每个环节都存在一定程度的市场风险、自然风险、技术风险,传统分散农户都要独立承担此中风险,务农收入与承担风险不匹配,所以传统农业发展难以有质的飞跃。黄峤镇的实践表明,公司化运营的农场、牧场、合作社等市场化经济主体,具有较为充分的市场变化预测分析与市场风险评估,为企业决策奠定了充分的研究基础,对于参与或与企业合作经营的农民来说,经营决策有了科学依据,降低了市场风险,而且与企业、合作社以及其他农户成了利益共同体,应对三大风险的能力大为增强。

　　传统技术向现代技术转型。传统技术对于一家一户分散经营的种养殖来说是适用、可行的,但要进一步提高生产效率和农民收入水平则是不适用的。比如,传统养羊技术,不论是放养还是圈养,对养殖规模、疾病防疫、集中屠宰、市场营销等方面都有很大制约,特别是在疾病防疫上,传统养殖给予的重视程度不够,或者防疫技术落后,致使羊养殖大户往往会因羊瘟而破产。规范化、公司化运作的养殖大户、种植大户、农产品加工企业注重生产规模化、标准化、规范化、效益化,一是扩大了生产规模,提高了经济效益。二是科学经营和标准化生产,提高了农产品品质,符合现代农产品全程可追溯的要求。三是科学防疫和规范管理,降低了病虫害或者动物瘟疫的风险。在现代农业发展过程中,农民只有学习新的种养殖技术、加工技术、销售技术、管理技术,参与种养殖过程的公司化、科学化、规范化管理,才能适应新的发展变化,才能推动适应农村农业的发展变化。比如,黄峤镇靖羊公司的养羊技术来自甘肃农业大学,并聘请甘肃农业大学、省畜牧产业局、省疾控中心等科研机构的专家作为公司技术指导,目前已建设标准化羊舍22座37400平方米,饲料加工车间、草料棚等附属设施15300平方米,采用现代信息技术管理羊舍室温、湿度,并有严格科学的喂养要求和喂养流程,目前羊年存栏量7500只,年出栏量20000只。这样规模的养殖企业,必须要有现代生产技术、管理技术做支撑,才能持续、稳定发展。

(六)经验启示

黄峤镇在精准扶贫精准脱贫的过程中,基于"新土改"与新型经营主体培育的同步推进,探索的"土地流转+规模经营+产业培育"和"新型经营主体+新型职业农民"的、以土地整治为基础的、"双向"推进的现代农业发展的新模式,其做法和经验对于其他贫困地区,乃至广大贫困农村的经济发展都具有一定的启示和借鉴意义。

1."新土改"的目标导向是盘活资源和适度规模经营

黄峤镇的实践证明,国家推行"新土改"的根本目的,不仅仅是为了土地确权和加速流转,更重要的是要通过要素流动来助推实体经济的形成和发展,加速形成大中型现代化种植公司、养殖公司、农产品加工公司。这些公司制的经营组织将利用其在资金、技术、管理等方面的优势条件,担负起带动农村种养标准化规模化、加工精深化科学化、经营专业化品牌化、销售渠道化便捷化的重要功能,推进贫困农村的微观经济基础、产业投资、生产经营、技术研发等发生裂变和聚变,从而生成新型经营主体和就业主体。

2. "新土改"的关键是要实现"主体"与"产业"的有机搭配

黄峤镇的实践证明,"新土改"为贫困农村的生产方式改革与创新提供了最佳机遇,使得贫困农村的生产关系与生产力两大要素的开发机制实现跨越式创新。一方面,"新土改"通过土地大面积流转、土地整治,将土地要素变成投资要素,支撑了大中型农业公司的形成,农户经营模式被公司经营模式取代了。同时,"新土改"又使得贫困农村的农民可以实现"就近就地"的身份置换,从传统农民变成打工就业、按时上班、技术劳作和领取货币工资的职业农民。另一方面,由于大量城镇工商资本的介入和农村自身生成的"农村老板",实现了农村生产力水平的大幅提高,资本、技术、商品、人才和品牌成为新的农村生产力构成要素。

3. 提升"新土改"政策效应的关键是农村经济发展实体化

黄峤镇的实践证明,"新土改"的直接目的是按照市场要求盘活农村的发展资源,土地流转本身只是创新农村经营方式的手段之一,而关键措施是要利用城乡各种资本和技术要素来带动整个工作的进展。黄峤镇一方面用积极实在的政策引进外地公司投资农村和农业,在开放中实现"新土改"的真正价值,另一方面,鼓励本地老板向现代农业成功转型,特别是数个当地的"煤老板"的成功转型不仅提高了土地流转的效率,而且为他们自己应对煤炭市场的疲软找到了新的契机。

三、土地整治与搬迁移民城镇化协同

(一)调研主题①

易地移民搬迁扶贫,自 2001 年国家发展改革委安排专项资金在全国范围

① 该专题调研时间是 2019 年 8 月。

内陆续组织开展以来,已经快 20 年了。在推进实施过程中,国家政策支持、地方政府全力实施、搬迁移民积极响应,三位一体,切实帮助"一方水土养育不了一方人"的地区的贫困群众"挪穷窝、换穷业、拔穷根",这一重要的脱贫攻坚举措,党中央国务院关心,地方政府关心,人民群众关心。

在易地移民搬迁扶贫过程中,首要的问题就是"往哪搬"的问题。从搬迁移民的长远发展来看,若是搬迁到村庄周边,就涉及移民搬迁与乡村振兴衔接的问题和安置点的美丽乡村建设问题;若是搬迁到城镇或园区周边,就涉及易地移民搬迁扶贫与城镇化耦合推进的问题,涉及搬迁移民自身的生产生活方式非农化和城镇化转型的问题和城镇居住小区及城镇建设问题。关于前一个问题,本课题组在 2018 年对甘肃省古浪县易地移民搬迁及古浪县黄花滩移民安置区建设做了专题调研,形成了题为《易地搬迁扶贫中的土地整治与产业打造联动模式创新——甘肃省河西走廊地区国家级深度贫困县古浪县的调查报告》①,核心观点是易地移民安置区建设过程中要注重土地整治与产业打造的协同推进,目的是要解决易地移民搬迁中的"搬得出、稳得住、能致富"的问题,其落脚点是移民新村的建设和振兴发展问题。关于后一个问题,本课题组在 2019 年 8 月对甘肃省广河县进行了专题调研,核心目的是要总结和梳理广河县在实施易地移民搬迁扶贫工程过程中推进搬迁移民城镇化的主要做法和基本经验,以期为其他类似地区提供有益启示。

为什么要调查和研究易地扶贫搬迁移民城镇化问题?一是易地搬迁扶贫与城镇化在政策目标上具有耦合性。对于移民群众来讲,易地移民搬迁扶贫是国家政策推动下的特定人群的空间转移,是从根本上脱贫致富的具体手段,也是帮助移民群众参与城镇化和城乡统筹发展的重要手段,更是解放和发展生产力、消除两极分化、实现共同富裕的有效途径,是社会主义本质的具体体现。所以从政策目标导向上看,易地移民搬迁扶贫和城镇化是一致的,其不同

---

① 滕海峰、李含琳、李祯等:《易地搬迁扶贫中的土地整治与产业打造联动模式创新——甘肃省河西走廊地区国家级深度贫困县古浪县的调查报告》,《生产力研究》2019 年第 2 期。

点在于适用空间范畴和受众群体的不同,即城镇化属"一般性"的战略范畴,具有普适性;易地移民搬迁扶贫属"特殊"范畴,是特定群体的发展问题。二是实施内容和发展路径上具有相同性。易地移民搬迁扶贫的基本要求是"搬得出、稳得住、能致富",即要做好居住区规划建设、医疗教育等公共设施配套、水电暖等基础设施建设、产业发展等方面工作,这些方面,与新型城镇化的"加快推进城乡融合发展"的建设任务是一致的。所以,正是因为参与和受众群众、实施目标和涵盖内容的相关性和耦合性,易地移民搬迁扶贫和城镇化具有很强关联性和协同推进的必要性与可行性。

(二)调研区域选择及其概况

1.调研区域选择

本调研之所以选择广河县作为样本区域,重点分析易地扶贫搬迁移民的城镇化路径,主要原因有以下几个方面。一是甘肃省广河县是国家扶贫开发工作重点县,也是"三区三州"贫困县之一,近年来精准扶贫精准脱贫效果明显。2013—2018 年,全县贫困发生率由 27.03% 下降到 8.63%。二是广河全县有近 70% 的人口居住在南部、北部山区,行路难、上学难、发展难,处于沟壑纵横、高海拔地带的困境中,易地移民搬迁扶贫是重要的减贫举措。2016—2018 年,已搬迁安置 2820 户 14828 人。三是依托县城、集镇和园区,抓基础设施、抓后续产业、抓服务管理,使之真正在促进贫困群众稳定脱贫上显现出了非常重要的作用,切实在易地扶贫搬迁移民城镇化的路径创新与探索上,有其独特的做法和经验。本报告是在文献调研及多次实地调研的基础上形成的,希望对类似地区的易地搬迁工作和城镇建设工作给予启发和经验借鉴。

2.考察区概况

广河县位于甘肃省中部西南方,是临夏回族自治州的"东大门",全县辖 6镇 3 乡、102 个行政村、1121 个合作社,总面积 538 平方公里,总耕地 42 万亩,总人口 25.7 万人,其中回、东乡等少数民族人口占总人口的 98%。2018 年,广河完成生产总值 22.56 亿元,同比增长 5.9%;规模以上工业增加值 0.564 亿元,同比下降 32.4%;固定资产投资 16.62 亿元,同比下降 10.82%;社会消费品零售总额 9.09 亿元,同比增长 9.0%;公共预算财政收入 0.957 亿元,同比下降 27.84%;城镇居民人均可支配收入 19850.6 元,增长 7.5%;农村居民人均可支配收入 7455.6 元,同比增长 9.9%①。

3.考察区贫困特点

2013 年底建档立卡时,全县有贫困人口 12545 户 57800 人,贫困发生率为 27.03%;有贫困村 51 个,其中深度贫困村 28 个。经过近几年的努力,全县减贫 8545 户 36777 人。截至 2018 年底,全县有贫困人口 4000 户 21023 人,贫困发生率为 8.63%。广河县人多地少,地域特征有"两山一川"的特点,70%的建档立卡贫困户居住在南北两山的五大流域片区,自然条件艰苦,行路难、上学难、就医难的问题比较突出,解决"两不愁三保障"的难度较大。对于这些"一方水土养育不了一方人"的区域,如果不采取搬迁方式,就很难从根本上解决问题。

(三)移民搬迁主要成就

广河县紧扣"两不愁三保障"目标,认真落实"五个一批"脱贫措施,按照甘肃省、临夏州发改部门的部署和指导,切实把易地扶贫搬迁作为打赢脱贫攻坚战的重要举措,依托集镇和园区,抓基础设施、抓后续产业、抓服务管理,使之真正在促进贫困群众稳定脱贫上显现出了非常重要的作用。自 2016 年以来,累计投入各类资金 8.56 亿元,2820 户 14828 人实施了易地搬迁。

(四)加强土地整治推进易地扶贫搬迁移民城镇化的主要做法

广河县实施易地移民搬迁扶贫工程,不是简单的易地移民,也不是简单的扶贫,而是在目标导向、实施路径、管理方式等方面,对标新型城镇化要

---

① 本调查所使用的情况和各种数据,都是依据县委、县政府及其主管部门提出的资料整理所得,属于第一手资料。并且,这些资料和情况都得到了当地政府的共识和认可。

求,通过空间转移、生产方式非农化、生活方式的城镇化、组织与管理方式的社区化、基础设施和公共服务设施现代化等方式,促进易地扶贫搬迁移民在思想上、生活上、生产上等方面尽快融入城镇,实现全方位、高质量的城镇化。

1. 以城镇楼房安置为主的空间城镇化

在易地移民安置区的选址上,一是注重易地搬迁与村镇发展相结合,探索以县城、集镇安置为主,合理选址,配套建设,让利于群众,实现"四通四有",即:搬迁户通自来水、通水泥路、通天然气、通动力电,安置点附近有小学、有幼儿园、有卫生室、有文化广场,使搬迁群众能就近享受到教育、卫生、文化等公共服务;二是注重易地搬迁与园区发展相结合,围绕城关镇、三甲集镇,结合县城西区开发和经济开发区建设,建设易地搬迁住宅小区,使搬迁户走上了变农民为居民的路子,促进生产生活方式发生了根本性转变。2016 年,易地扶贫搬迁移民 772 户、3520 人,全部为楼房安置;2017 年,易地扶贫搬迁移民 559 户、2927 人,其中楼房安置 402 户、2092 人,占总移民安置的 71.91%;2018 年,易地扶贫搬迁移民 713 户、3767 人,其中楼房安置 533 户、2845 人,占总移民安置的 74.75%。

表 8-7　广河县易地扶贫搬迁移民安置点建设(2016—2019)

移民安置点建设			全部建成时间	实际搬迁和安置的户数和人数		占当年的比重(%)
				户数(户)	人数(人)	
2016—2019 年合计				2044	10214	
2016 年				772	3520	100.00
其中	其中	楼房安置		772	3520	100.00
		城关镇大杨家(水岸花苑)楼房安置点	2018 年 11 月	331	1599	42.88
		三甲集康家安置点三期楼房安置点	2018 年 10 月	441	1921	57.12
2017 年				559	2927	100.00

续表

移民安置点建设			全部建成时间	实际搬迁和安置的户数和人数		占当年的比重（%）
				户数（户）	人数（人）	
其中	楼房安置			402	2092	71.91
	其中	三甲集镇康家二期楼房安置点	2017年12月	402	2092	71.91
	插花安置			157	835	28.09
	其中	阿力麻土乡乡镇安置点	2018年10月	17	99	3.04
		官坊乡乡镇安置点		45	247	8.05
		买家巷镇乡镇安置点		18	89	3.22
		齐家镇乡镇安置点		4	26	0.72
		水泉乡乡镇安置点		33	177	5.90
		庄窠集镇乡镇安置点		40	197	7.16
2018年				713	3767	100.00
其中	楼房安置			533	2845	74.75
	其中	城关镇大杨家（水岸花苑）楼房安置点	2018年11月	197	801	27.63
		三甲集镇东关（广惠小区）楼房安置点	2018年10月	22	44	3.09
		三甲集镇东关（宁定佳苑）楼房安置点		67	549	9.40
		三甲集镇康家二期楼房安置点	2017年12月	89	470	12.48
		三甲集镇康家三期楼房安置点	2018年10月	89	443	12.48
		三甲集镇沙家（新月花苑）楼房安置点	2019年4月	69	538	9.68
	插花安置			180	922	25.25
	其中	阿力麻土乡乡镇安置点	2018年11月	6	32	0.84
		官坊乡乡镇安置点	2018年11月	1	10	0.14
		买家巷镇乡镇安置点		26	143	3.65
		水泉乡乡镇安置点	2018年11月	1	4	0.14
		齐家镇乡镇黄家坪安置点		108	517	15.15
		庄窠集镇乡镇安置点		38	216	5.33

资料来源：根据实地调研资料和地方政府职能部门提供资料整理制作。

2. 生产方式的非农化

在城镇或园区安置的搬迁移民,在生产方式和生活方式上发生了根本性变化,不再从事种植和养殖为主的农业生产,实现了收入来源的多元化和非农化。一是建设扶贫车间,促进搬迁移民就地参与第二产业生产。截至 2019 年 8 月,广河县发展扶贫车间 22 个,带动就业 3200 多人,其中贫困户 1770 人,月收入都在 2000 元以上。在县城易地搬迁安置点和三甲集镇共设立 11 个扶贫车间,搬迁移民特别是妇女从事小型加工,累计为 484 人搬迁移民提供就业岗位。二是拓展服务业就业领域和渠道。县委县政府有组织地开展技能培训和劳务输转,每年稳定输出劳务人员 3000 人以上。三是拓宽资产性收入渠道。在易地扶贫搬迁点新建设商铺 9418 平方米,其中城关镇大杨家安置点 5030 平方米,三甲集镇康家安置点 4388 平方米,商铺产权归社区集体所有,年收益 188.35 万元,搬迁群众人均占有铺面资产 0.8 平方米,年分红 160 元,户均增收 765 元。另外,组织动员搬迁群众将迁出区土地及复垦土地使用权流转入股到合作社和"粮改饲"龙头企业,由企业负责种植,搬迁户在享受粮改饲种植奖补政策的基础上,还能获得企业租金保底收入或资产入股分红,每亩地可多增收 600 元以上。目前,搬迁户已完成订单或土地流转 3400 亩。

3. 生活方式的城镇化

一是能源消费由柴火、煤炭转变为天然气、液化气,助推生活理念的转变。在楼房安置点,为每户搬迁群众搭建板炕、安装橱柜、实施天然气入户,彻底摆脱了农村传统的土炕、土灶、煤柴等设施,从而对居家方式、卫生健康、文化娱乐等的升级提供了设施基础。二是着力打造脱贫攻坚精神家园。以乡村振兴和贫困村综合文化服务中心建设为契机,按照"七个一"标准要求,全县累计已建成贫困村综合文化中心示范点 37 个,正在建设 10 个,依托村综合文化中心开展文体活动 30 场次,放映国产优秀影片 180 多场,累计在全县绘制核心价值观、励志脱贫漫画墙 330 余面,张贴精神扶贫标语 170 余条,发放宣传画 5000 余张。四是广泛开展志愿服务活动。组织志愿服务队伍,深入村社,开展"送温暖""献爱心""义诊"等公益活动达 50 多次。为引导贫困群众"要我脱贫"向"我要脱贫"转变,在广泛宣传评选的基础上,已在全县各村选出 150 多名脱贫致富榜样人物。

4.群众组织和治理方式的社区化

在易地搬迁集中安置点成立社区党委,积极做好搬迁群众服务工作。在搬迁过程中,设立专门的服务管理站,组织镇村干部和帮扶干部帮助群众搬迁。搬迁后,加强日常服务和物业管理,成立物业管理委员会,针对山区群众对楼房电梯、天然气等缺乏使用技能的实际,组织镇村干部通过集中培训、上门讲解、发放资料、微信传送等多种方式,加强对群众用水用电、使用天然气、使用电梯等各方面提供培训和服务,引导搬迁群众养成良好生活习惯,尽快适应农民变为居民的生活方式;针对搬迁环境变化和群众日常生活需要,组织镇、村干部和帮扶干部帮助群众做好户口迁移、上学就医、社会保障、心理疏导等方面的工作,让群众尽快融入新环境、新社区。比如,三甲集社区位于三甲集镇康家村,社区党支部成立于 2017 年 5 月,下设搬迁服务管理站,指导成立了物业管理委员会,主要服务对象为易地搬迁一期、二期,四个山区村的搬迁群众,包括黑山、南山、小洼沟及小沟共计 955 户 4643 人,及三甲集镇辖区内水家、陈家、东关、沙家及上集五个村的城镇居民 894 户 3612 人,总计 1849 户 8255 人。社区党支部现有正式党员 21 名,其中本科学历 13 人,大中专学历 3 人,平均年龄 31 岁。社区干部 4 名,均为大学本科生。

(五)经验启示

广河县因地制宜推进易地扶贫搬迁移民的城镇化,不论是城镇建设、城乡统筹发展,还是易地搬迁扶贫工程的实施,都积累了一定的经验,可以给类似地区提供重要的有益启示。

一是思想上高度重视,是做好搬迁工作和后续扶持工作的基本前提。易地扶贫搬迁是一项主体类型多样、建设任务繁多、空间跨度较大、群体意见协调难度大的复杂工程。广河在易地扶贫搬迁工作中,成效显著的一个重要的原因就在于县委、县政府的高度重视,充分发挥"政府主导"作用,通过党委政府领导亲自部署监督、职能部门真抓落实、县乡镇村一体化推进,为搬迁工作和搬迁移民融入城镇以及后续帮扶提供了扎实的组织保障。

二是合理确定搬迁方式,是顺利开展易地搬迁扶贫工程基础性工作。坚持因地制宜,在搬迁选址上,充分尊重群众意愿,集中安置和插花安置相结合,努力使符合条件、有意愿的贫困群众应搬尽搬。在庄寨集、阿力麻土等山区乡镇,依托中心集镇合理选址,住房以宅院安置为主,由政府统一规划、统一设计,群众自行建设。在三甲集、城关、祁家集等川区乡镇,由于人多地少、土地紧缺,在与群众广泛协商的基础上,通过修建楼房的方式搬迁,由政府统一规划、统一设计、统一建设、统一监理;在楼房户型的确定上,结合农村实际和群众需求,设计了大、中、小不同面积的户型,既满足搬迁群众生活需求,又不突破住房面积"红线",群众对搬迁的方式非常欢迎。

三是配套完善基础设施,是易地扶贫搬迁移民城镇化工作的重要内容。坚持水、电、路等基础设施与住房建设统一规划、同步实施,在政策允许的范围内,整合易地搬迁、财政一事一议、农村道路通畅工程等项目资金,配套实施基础设施和公共服务建设。在大杨家、康家两个集中安置点,争取落实各类补助资金 2.56 亿元,配套完善基础设施和公共服务设施,其中大杨家安置点投资1.69 亿元,硬化改造道路 3.3 公里、新建改造桥梁 1 座,修建了妇幼保健院、体育广场、中学宿舍楼。在康家易地搬迁点投资 8700 万元,硬化改造道路 13公里、改建桥梁 1 座、埋设自来水入户管网 9.6 公里、埋设污水管网 1.8 公里、建设堤防工程 3.4 公里;争取厦门市东西扶贫协作帮扶资金 300 万元,修建了火炬小学、鹭岛幼儿园,切实保障搬迁群众日常生活需求。

四是切实压缩搬迁成本,是促进搬迁移民积极响应的重要举措。补偿征地款 3449 万元,由县上统一征地、统一建设,群众不承担征地费;筹措资金2376 万元,配套建设室外基础设施,全部由县上承担;主动介入地板砖、门窗等项目装修材料的订购监管,最大限度给予群众优惠。在群众搬迁入住过程中,为每户搬迁群众搭建板炕、安装橱柜、实施天然气入户,群众人均自筹款降低到 2396 元,确保群众能够及时入住,从源头上杜绝了搬迁户过度装修负债问题,真正做到了"拎包入住"。

五是发展后续产业,是移民生产方式非农化的重要手段。广河县在推进易地扶贫搬迁过程中,坚持"搬迁入住—产业培育—稳定脱贫"三位一体、同步推进的工作思路,对所有搬迁移民进行分类管理、建立劳务档案、区别对待,主要的产业扶持类型有资产收益扶持、规模养殖带动、扶贫车间就业、服务就业、土地流转增收、光伏扶贫发展等,通过拓宽稳定增收渠道,增强搬迁移民在城镇安居乐业的获得感、满足感和幸福感。

六是提高群众素质,是搬迁移民真正融入城镇、实现安居乐业的根本核心。搬迁移民素质高低直接影响到易地扶贫搬迁的质量与进程,也关系到融入城镇建设和发展的程度和效果。必须通过多层次、全方位的培训和服务,引导搬迁群众养成良好生活习惯,尽快适应农民变为居民的生活方式;针对搬迁环境变化和群众日常生活需要,帮助群众做好户口迁移、上学就医、社会保障、心理疏导等方面的工作,让群众尽快融入新环境、新社区并逐步引导成为安置点的建设者和发展者。

四、土地整治与移民后续帮扶推进考察

(一)调研主题

《中共中央关于制定国民经济和社会发展第十四个五年规划和二○三五年远景目标的建议》明确提出,"健全防止返贫监测和帮扶机制,做好易地扶贫搬迁后续帮扶工作,加强扶贫项目资金资产管理和监督,推动特色产业可持续发展。"易地扶贫搬迁作为精准扶贫精准脱贫"五个一批"之一,面临着政策红利持续发挥及后续帮扶工作政策支持的现实问题。

易地扶贫搬迁自实施以来,其搬迁安置方式主要有两种,一种是向条件较好的其他农村地区转移性就业,目标是农村安置区;另一种是向城镇地区转移性定居和生活,变成城镇经济的一部分。总体来讲,因安置区域和安置方式的不同,易地扶贫搬迁后续政策重点理应不同,有所区别。对于农村安置区的搬迁移民,主要应以农村居住和从事现代农业生产为特征,其政策转型方向是"接续推进全面脱贫与乡村振兴有效衔接,推动减贫战略和工作体系平稳转型,统筹纳入乡村振兴战略,建立长短结合、标本兼治的体制机制"。① 目前已有中央和国家层面的政策关注与相对成熟的政策体系,各地都在积极贯彻落实。对于城镇(以下简称"迁入城镇")安置的易地扶贫搬迁移民(以下简称"搬迁移民"),主要应以城镇居住和从事非农产业为主要特征,其政策转型路径和着力点是促进搬迁移民与迁入城镇融合发展,政策目标是提升搬迁移民城镇化质量和迁入城镇的健康发展,最终实现人的城镇化和自由全面发展。这是今后易地扶贫搬迁政策转型和政策关照的重点和难点,也是本专题重点探讨考察的主题。

(二)"空间迁移"引起的搬迁移民变化及挑战

自 2001 年开始,国家发展改革委安排专项资金支持易地扶贫搬迁,并在全国陆续展开。截至 2015 年底,在中央和地方的共同努力下,全国已累计搬迁 1200 万人以上。截至 2020 年 3 月 7 日,"十三五"时期规划实施的易地扶贫搬迁任务已基本完成,共有 930 万搬迁移民实现了空间迁移,走出了大山和条件恶劣的地区。② 其中,小城镇或工业园区集中安置的搬迁移民约 263 万人③,占 28.27%。若以此比例计算,2001—2020 年期间通过易地扶贫搬迁进入城镇安置的搬迁移民约为 600 万人。实践表明,这部分搬迁移民,是在以

---

① 《习近平在决战决胜脱贫攻坚座谈会上强调,坚决克服新冠肺炎疫情影响　坚决夺取脱贫攻坚战全面胜利》,《人民日报》2020 年 3 月 7 日。
② 《习近平在决战决胜脱贫攻坚座谈会上强调,坚决克服新冠肺炎疫情影响　坚决夺取脱贫攻坚战全面胜利》,《人民日报》2020 年 3 月 7 日。
③ 根据《全国"十三五"易地扶贫搬迁规划》,"十三五"时期,集中安置点安置的搬迁人口占搬迁总人口的 76.4%,其中,行政村内就近安置占集中安置的 39%,建设移民新村安置占集中安置的 15%;小城镇或工业园区安置占集中安置的 37%,乡村旅游安置占集中安置的 5%,其他的集中安置占集中安置总的 4%。即小城镇或工业园区安置的搬迁移民占总易地扶贫搬迁移民的 26.27%,由此推算,"十三五"时期,小城镇或工业园区集中安置的搬迁移民约 263 万人。

"脱贫"为直接目标导向的易地扶贫搬迁政策支持和社会各界帮助下,在有限时间与有限财力物力支持下,完成了从"一方水土养育不了一方人"的地方向城镇的"空间迁移"与"空间安置",短期内实现了"空间"上的城镇化,也在客观上"极大程度地改变了历史遗留下来的空间生产和享用的非正义现象,把社会主义正义的核心价值理念镌刻在祖国大地上"(胡潇,2018)①。但由于时间短、底子薄,搬迁移民还面临诸多挑战。

1."空间迁移"引起的搬迁移民的变化

客观实践表明,由于"空间迁移",搬迁移民的生产生活方式将发生一系列变化,其中最为突出的就是占有和使用的生产资料发生了根本性变化,由此伴随性地引起生产方式发生根本性变化,建立在经济基础上的思维方式和价值追求方面的变化也是根本性的。一是占有和使用的生产资料变更。搬迁移民在迁出区,实际占有和使用承包地,从事小农生产和产品自主消费和少量的商品交换,更多地属于自然经济形态,相对封闭和独立;搬迁移民在城镇,失去了原先承包地的占有与使用,不能再从事熟悉的农业生产。搬迁移民的生产资料由土地变成了"完全自由"的劳动力。二是劳动力商品化及其价值生产方式的变化。政府通过技能培训、就业指导等方式,帮助城镇移民提高非农就业技能、助推融入城镇就业市场和融入现代市场体系,共享现代市场经济发展红利。三是搬迁移民生活方式的变化。特别是指居住环境的变化引起家居方式、能源方式、取暖方式等发生根本性变化,在很短的时间内从农村生活转变为城市生活,而且熟人社会变成了相对陌生人社会、群体性活动变成了相对独立性活动。四是搬迁移民融入现代城市社会方式变化。搬迁移民进入城镇被动或主动从事非农产业,以自己独立自由的劳动力参与劳动市场分工,通过市场化的劳动资料与自主的劳动力相结合,生产市场化的产品和商品,并在社会分配和市场交换中获得自身劳动价值体现,近距离进入现代文明体系和现代市场经济体系。

---

① 胡潇:《空间正义的唯物史观——关于马克思恩格斯空间理论的思考》,《中国社会科学》2018 年第 10 期。

2."空间迁移"引起的搬迁移民面临的挑战

由于这些显著变化是在短时间内完成的,而且是被动完成的,在时间上、心理上和适应性上都相对仓促,搬迁移民要实现自身发展及其与城镇的融合发展,还面临不少挑战。一是搬迁移民大都来自偏远山区,思维方式相对封闭、现代知识相对欠缺、非农技能相对薄弱、现代市场经济意识淡薄等,接受和融入现代城镇生产生活体系还存在不少现实困难。二是政府帮助下参与的技能培训、劳务输出和非农就业,在市场经济条件下存在诸多的不稳定性、不确定性,对于习惯了农村平稳生活状态的搬迁移民而言,由于城镇生产和收入来源的不可预期性和不稳定性而具有一定程度的不安全感。三是搬迁移民原有的承包地,尽管在一定程度上保留了承包权,但在目前经济技术条件下,土地流转和规模化经营水平较低,且各地差异性大,以承包地为依托的财产性收入存在很大的不确定性。四是部分安置区为搬迁移民配置了一定数量的商铺,但商铺分配是市场化、股权化,收益取决于市场行情,因而这方面的收入很难保障。因此,搬迁移民在城镇能否"稳得住、能致富"和实现安居乐业,还需要相应的政策关照和支持。

(三)"空间迁移"引起的迁入城镇变化与挑战

农村贫困人口的"空间迁移"不仅仅给搬迁移民带来了诸多根本性变化,也由于搬迁移民的空间介入,城镇空间结构、人口构成、社会环境、发展要素等发生诸多根本性变化,也面临相应的挑战。

1."空间迁移"引起的城镇发展变化

对迁入城镇而言,搬迁移民不是单纯地"硬性"与"单向"介入城镇空间,不是单纯地占据城镇空间与城镇资源,也不是单纯地分享城镇设施与公共产品,而是为城镇发展带来了诸多方面的新的发展变化。一是搬迁移民客观上增加了城镇人口规模,尽管是外来人口,但仍是城镇人口的重要组成部分;作为政策推动下的城镇机械增长人口,搬迁移民客观上改变了城镇原有的人口结构,特别是人口的知识结构、文化结构、就业机构、社会结构等。二是人口规模与人口结构的急速改变,意味着城镇医疗、教育、娱乐、文化等公共产品的供给与需求将伴随性地发生变化,同时,由于劳动力结构的变化以及人口消费结构的变化,城镇产业结构以及市场运行也将发生变化。三是人口规模的扩大,必然要求用地规模、空间结构以及水、电、气、信息等基础设施的供给与需求将伴随性地发生变化。根据人均建设用地 100 平方米/人匡算,在"十三五"时期,全国因安置易地扶贫搬迁移民而增加的城市建设用地约 2.63 万公顷。

2."空间迁移"引起的城镇发展挑战

政策实施中客观产生与客观存在的一系列变化,实际上给城镇规划、城镇建设与城镇管理带来诸多挑战。一是空间结构优化并不会伴随城镇移民安置区的建设自发产生,因为空间结构的优化,不仅仅是居住小区、楼堂馆所建设,更核心地在于整个城镇的功能分区与结构优化,如果处理不好安置区与整个城镇空间结构的关系,有可能割裂安置区与原有城镇的关系,甚至有可能使得安置区成为在城镇的"农民集聚区"或"贫民窟"。二是搬迁移民的迁入,并不会伴随性地成为城镇人口的有机组成部分。因为城镇人口规模的成长,并不单纯是人口规模的"数字相加",更在于人口结构的优化与质量提升,以及相应的文化与社会融合。如果处理不好搬迁移民的"城镇化质量"提升问题,搬迁移民始终是在城镇居住的"农民"或"贫困户",城镇发展的质量更是难以提升。三是搬迁移民要长期安居乐业,根本在于"乐业",但"乐业"之关键的就业岗位并不会伴随性地产生、搬迁移民与就业岗位也不会伴随性地自发匹配,这些如果处理不好,不仅不会促进经济发展,甚至会因为无业可就而产生游民引致的社会问题。

(四)"空间迁移"的本质及其后续政策不足

1."空间迁移"的本质

易地扶贫搬迁是搬迁移民放弃原有生产方式、生活方式及生活环境的过程,是"破"的过程,也是一种"否定"的过程,目前这种过程已经基本完成,今后需要做的就是"立"的过程和"否定之否定"的发展提升过程。因为"破"不仅仅是为了"破",是要在更高层次上的"立";"否定"也不仅仅是"否定",是要在更高层次上的"再建立"。搬迁移民融入城镇,就是"破—立"与"否定的否定"的发展过程。尽管近期搬迁移民在政府帮助下实现了一定程度的城镇就业与居住,但与真正城镇化的要求及实现人的自由全面发展的目标相比,还有很大的差距,特别是从目前的从业方式及其长远发展的可持续上来讲,还有诸多有待提升的地方。"历史表明,城市化与物质劳动、精神劳动的深度分工相联系,缘自生产方式的变革。"(胡潇,2013)[1]这个过程对于城镇和搬迁移民来说,当前还远远没有完成。

2. 当前后续政策及其不足

为了搬迁移民在思想观念、经济收入、城镇生活方面的顺利过渡,也是为了实现搬迁移民"稳得住",各地政府在政策实施过程中针对搬迁移民能在城镇"稳得住"的实际需求和困难,采取了诸多举措。主要包括以下几方面:一是技能培训;二是提供就业机会;三是提供产业发展支持;四是提供金融贷款支持;五是提供社会保障;六是提供商铺共享机会等。在众多的举措中,政府提供就业机会能够显著起到政策设定的"稳得住"的目标,其他举措相对不显著(吕建兴等,2019)[2]。为什么会如此?其原因主要有:一是搬迁过程中产生的不安全感,即原有的安全条件被破坏后并没有或不易建立替代的安全条件(毛丹、王燕锋,2006)[3]。二是被动城镇化群体的身体素质、教育程度、社会资源可用能力等显著影响着他们的就业状况和收入水平(吴大远、施运华,2014)[4],由此影响搬迁移民的融入过程和发展程度。三是从政策逻辑和现实条件角度看,当前易地扶贫搬迁的城镇集中模式面临着极大的局限性(马流

①　胡潇:《空间的社会逻辑——关于马克思恩格斯空间理论的思考》,《中国社会科学》2013年第1期。

②　吕建兴、曾小溪、汪三贵:《扶持政策、社会融入与易地扶贫搬迁户的返迁意愿——基于5省10县530户易地扶贫搬迁的证据》,《南京农业大学学报》(社会科学版)2019年第3期。

③　毛丹、王燕锋:《J市农民为什么不愿做市民——城郊农民的安全经济学》,《社会学研究》2006年第6期。

④　吴大远、施运华:《失地农民市民化的困难实质与显效途径——基于被动城市化进程中效率与公平统一问题的调查》,《生产力研究》2014年第6期。

辉、曹锦清,2017)①,比如,由于整村搬迁与集中安置,一般位于城镇郊区或边缘,村集体成员集中,但与城镇原有居民联系相对较弱;搬迁移民的家迁入城镇,但由于在本地不好就业仍需外出务工;配套建设了教育、医疗等基本公共服务设施及给排水、电力电信等基础设施,但由于是新建设、新运营、新管理等因素,这些公共产品的供给质量与老城区的优质资源相比,还有一定距离,特别是群众最为关心的教育资源。四是从"从社会文化和社会心理角度看,移民的社会适应和社会融入需要经历一个较长的过程,而这应该是稳定搬迁的必要组成部分。"(檀学文,2019)②针对这些主观与客观问题,搬迁移民在城镇的生计与发展是一个需要政策长期关注的现实问题。

3."融合发展"是弥补不足的现实选择

搬迁移民与迁入城镇是在易地扶贫搬迁政策实施过程中产生的、客观存在的、具有空间同存性的特点,推动两者融合发展,既是弥补不足、把握机遇、迎接挑战的现实选择与逻辑使然。主要缘由有:一是搬迁移民事实上已居住生活在城镇,不可避免地会参与到城镇各类产品的生产、交换、分配与消费各个环节的生产活动,不可避免会与原有居民、企业、政府等各类主体产生各种各样的经济社会关系,从而"才能展开对包括空间在内的整个生存世界的能动作用,才能在对空间的社会性形塑中建构、确认并拥有自己的生命空间"(胡潇,2013)③,在城镇新的环境中逐步营建自身社会空间的同时,对城镇空间与城镇发展也产生多方面的影响。即搬迁移民唯有在新的环境以新的生产方式参与产品生产与财富创造,才能发挥自身价值并在城镇持续生存。二是伴随搬迁移民进入城镇的,还有城镇建设用地指标、劳动力、社会需求、空间拓展、多元文化等,若能将其科学合理地纳入城镇整体空间布局及其相应的功能

---

① 马流辉、曹锦清:《易地扶贫搬迁的城镇集中模式:政策逻辑与实践限度——基于黔中 G 县的调查》,《毛泽东邓小平理论研究》2017 年第 10 期。

② 檀学文:《中国移民扶贫 70 年变迁研究》,《中国农村经济》2019 年第 9 期。

③ 胡潇:《空间的社会逻辑——关于马克思恩格斯空间理论的思考》,《中国社会科学》2013 年第 1 期。

分工,不仅能避免人为的"城中村"的出现,更能推动城镇产业形态多元化、组织多元化、分工社会化、发展链条化,更会促进城市空间结构、人口结构、经济结构的调整与优化。这是一次重组、融合、提升的发展机遇。所以,推动搬迁移民与迁入城镇融合发展,是"以人民为中心"的发展思想主导下的城镇规划和资源配置中的社会效益最大化的必然选择,也是"资本逻辑"向"人本逻辑"转向(袁蓓,2020)①、避免"空间非正义"(胡潇,2018)②的现实选择,更是"以人民为中心"的发展思想与社会主义制度优越性的集中体现。

(五)"融合发展"的政策取向和愿景目标

1."融合发展"的政策取向

一是政策对象从搬迁移民转向全体市民,从特殊政策转向普惠政策。二是政策任务从搬迁移民的"空间迁移"转向融合发展,要将移民及其居住小区纳入城镇、将城镇纳入区域空间总体谋划、整体推进。三是政策目标从"搬得出、稳得住、能致富"的短期目标转向搬迁移民与迁入城镇融合发展的长期目标,从单纯的以发展空间为载体的、个人物质追求转向以"每个人的自由发展"为条件的"一切人自由发展"的社会主义目标和终极价值(叶汝贤,2006)③。四是政策过程由政府推动向政府与市场相结合转变,即政府职能从搬迁工作的谋划者、推动者、实施者、监管者向城镇与区域空间结构优化者与维护者、优质文化教育等公共产品的提供者与维护者、公平市场环境与发展环境的营造者与维护者转变,重在做好基础工作,旨在引导和发挥市场和社会的主体作用。

2."融合发展"的愿景目标

近期目标主要有:一是搬迁移民能够以劳动力自愿、平等、公平地参与城

---

①　袁蓓:《从"资本逻辑"到"人本逻辑"——新时代马克思主义城市—空间研究的范式变革与中国实践》,《长白学刊》2020年第2期。
②　胡潇:《空间正义的唯物史观——关于马克思恩格斯空间理论的思考》,《中国社会科学》2018年第10期。
③　叶汝贤:《每个人的自由发展是一切人的自由发展的条件——〈共产党宣言〉关于未来社会的核心命题》,《中国社会科学》2006年第3期。

镇生产分工、财富生产与分配。二是逐渐适应社区化的群众组织、社区治理及城市生活。三是在平等共享城镇优质基础设施和公共服务设施的过程中逐渐形成城镇生活适应、市民身份确认、城镇文化共振及未来发展预期。四是能够促进国家关于"搬得出、稳得住、能致富"目标的实现,巩固精准脱贫的效果,降低返贫的概率。

远期目标主要有:一是搬迁移民及其居住小区成为城镇不可分割的有机组成部分,全方位、多层面深度融合发展并实现城镇空间结构、经济结构及社会结构日趋合理、充满活力。二是搬迁移民文化素质、技能水平以及收入水平和社会地位大幅提高,在"拔穷根"中与"贫困""移民"等称号根本脱离。三是全体市民,包括原有居民、搬迁移民以及新进入的城镇居民,在城镇共振共享发展中实现自身的自由全面发展。

(六)"融合发展"的政策重点

1. 优化城镇空间结构,构筑空间融合机制

有研究表明,"不同的城市空间发展形态,影响着城市未来的经济质量、发展潜力与健康状态。"(高新才、滕海峰,2011)①由于搬迁移民的空间介入及随之而来的全方位介入,必将引发迁入城镇空间结构的改变及经济结构与社会结构的跟随性变化。为了积极应对发展变化,促进搬迁移民与迁入城镇的空间融合,需要立足全局,着眼未来,科学谋划城镇空间结构与发展格局。一是将城镇移民及其安置区纳入城镇范畴宏观考虑、统筹谋划与科学配置,不仅仅是按照规范配套基础设施和公共服务设施,更要将其作为城镇的内在有机组成部分来对待。二是包括安置小区在内的整个城镇,在政府引导与市场规律相互作用中形成空间结构、社会结构与经济结构相互协调、相互促进的发展体系与内在机制。三是在功能分区与空间结构优化中,结合原有城镇空间结构和功能分区,将安置小区列入原有功能区或根据产业、区位、人员等情况确

---

① 高新才、滕海峰:《城市政府视角下生态城市建设的思路与重点》,《城市发展研究》2011年第 2 期。

定的相适宜的功能区性质。若搬迁人数超过 5 万人,可在中心城区周边建设移民小镇或卫星城。四是根据功能区性质,进行片区规划、产业选育、设施配套等相关工作。五是与安置小区相配套,统筹谋划产业园,推动新建产业和企业入园发展,营建市场空间和市场氛围。六是将城镇总体空间规划作为今后城镇建设、格局优化、空间治理、社会治理的行动纲领和法律依据,要持续坚持,久久为功。

2. 优化富民产业发展环境,构筑发展融合机制

搬迁移民进入城镇后,政府帮助开展技能培训后,其就业方式主要有两类,一是在本地扶贫车间、生产性企业、服务性公司就业;二是通过劳务输转到外地务工。相对于本地转型就业,外出务工的经济成本与非经济成本都很高。所以,促进搬迁移民与迁入城镇在经济生产方面的融合发展的基本前提是搬迁移民能够在本地就业,其直接途经和现实路径是培育和发展富民产业。在"富民"与"产业"发展的关系上,要明确:一是富民产业,不仅仅是"富民",更是"产业",只有经得住市场考验的产业才能真正起到"富民"与"强市"的作用;二是富民产业,首要的是追求与城镇发展条件相匹配,并能够提供较多就业岗位的产业类型;三是富民产业,不一定是"高、精、尖"产业,劳动密集型产业也不一定就是弱势产业、夕阳产业,根据市场需求创新发展,将劳动密集型产业发展成为优势产业与"强市""强县"产业。在富民产业的培育与发展上,离不开实体经济及各类企业的健康成长。一是各政府部门、工作人员,都要将打造地方实体企业当作日常工作和地方经济发展中的头等大事,提供相应的政策支持和政府服务。二是在扶贫车间、扶贫企业中注重培养本土企业。三是依托扶贫企业发展和业务拓展,主动和积极培育扶贫产业及辅助产业体系,培育和发展多种多样的本土企业。四是鼓励和推动相关公务员积极参与扶贫企业筹建、生产、管理、营销等全过程,在参与过程中锻造市场意识,增强企业认同感、市场认同感,提升为企业服务的质量,也为国资委投资、市场运营等培育市场人才。五是企业在就业过程中,注重培养劳动者的企业文化认同感、市场认同感,既要注重培养合格员工,更要注重培养未来的本土企业家。企业家

毕竟都是从企业中走出来的。

3.优化城乡资源配置,构筑动力融合机制

空间迁移,不仅仅是搬迁移民进城,伴随性的还有农村资源与发展要素进城。优化城乡资源科学配置,推动农村资源向城镇资源转化、农业资源向非农产业转化,切实把原来农村和农业的发展动力转化成城镇经济发展动力,促进搬迁移民与迁入城镇在发展动力上的深度融合。一是结合城镇空间布局和结构优化,高效利用城乡建设用地增减挂钩结余指标,增加城镇建设用地有效供给,减缓土地价格上涨,增创城镇发展的"土地红利"。二是结合城镇富民产业发展,有效盘活搬迁移民劳动力。易地扶贫搬迁政策的实施,使迁入城镇在短期内增加了一定数量的、以从事简单重复性劳动为主的体力型劳动力,工资水平相对较低,形成了富民强县强市、发展劳动密集型产业的"人口红利"。三是结合各类技能培训,挖掘搬迁移民中的能工巧匠,助推技术创新、产业升级与高质量发展,将城镇人才与农村人才的开发和培训同步考虑。四是结合创新发展,将农村原有的技术要素与安置区的技术要素紧密结合起来,实现技术创新要素的融合发展。五是因地制宜、因时制宜为搬迁移民配套建设各类公共产品、引导建立物美价廉的市场产品营销体系,既为搬迁移民提供便捷舒适的消费生活环境,也通过扩大消费推动经济增长。

4.优化城镇市场环境,构筑社会融合机制

空间迁移,表面上是搬迁移民空间介入城镇,根本上是搬迁移民参与城镇各类产品或服务的生产、分配、交换及消费中形成各种经济关系与社会关系,在社会生产生活过程中深度融合。较为理想的状态是搬迁移民通过自身诚实劳动、参与社会分工、生产社会产品,获得工资性收入,公平公正、低成本、有尊严、有预期地从事经济生产活动,通过生产活动的融合促进社会关系的融合。一是营建平等参与、公平竞争的市场环境,公开透明、公正司法的社会环境,没有或较少的欺骗、欺压、欺诈,对于本就弱势的搬迁移民来说,在融入城镇的过程中,相信能够通过自身努力获取劳动价值与发展空间,这是融合发展的基本前提和内在要求。二是招商引资,不仅仅要引资本,更要引进先进的市场经济的发展理念、制度安排和市场氛围,通过市场化程度的提升改善社会环境。三是政府各部门,要进一步营造高效务实的政务环境,给企业、创业者、务工者营造一个宽松且充满活力的发展空间,通过营建亲清政商关系、倡导为民务实的作风,为搬迁移民社会融入和安居乐业构筑社会机制。

5. 优化公共教育产品供给,构筑文化融合机制

"空间迁移"客观上改变了搬迁移民的外在环境,但内在素质并不会随之自动提升。外因的内化作用,是一个缓慢的演化过程,离不开自身对外在环境的认知与自身素质能力的提升,其关键环节和根本途径是教育。目前政府组织的技能培训,重在技能提升与非农就业,但在文化自信、文化提升、文化认同等方面还存在众多不足。一是从长久计,高度重视幼儿园、中小学等基础教育公共产品的充足与高质量供给,这是帮助搬迁移民教育和培育子女、阻断贫困代际传播的关键环节、基本因素与根本举措。二是针对搬迁移民的各类学校,不能仅仅定位为移民学校或者安置区学校,而要与城镇原有各类学校同等定位、同等对待、同等要求,特别是在教育质量与教育目标上要高标准、严要求。三是师资队伍由新聘年轻教师与全市优秀教师共同构成,建立年轻教师成长的"传帮带"机制。四是全市优秀教师动态支援安置区义务教育体系建立和高质量发展。五是将迁出区优秀的文化要素也全部转移到安置区,与当地优秀的文化资源进行融合,肯定能够达到互补提高的效果。

第九章　易地移民扶贫迁出区
土地整治的经验借鉴

在实施易地移民扶贫搬迁的过程中,各地围绕搬迁对象认定、安置方式优选、建设内容与建设标准设定、补助标准确定、资金筹措渠道与方式创新、信贷资金筹措与运作、政策支持与保障等方面进行了因地制宜、因时制宜的创新与实践,其中,对迁出区土地的核查、整治、盘活、利用、保护等也是各地易地扶贫搬迁工作的重要组成部分,在实践探索中积累了多方面、多领域、多视角的经验,值得广泛考察、横向对比与经验借鉴,为陕甘宁更进一步开展好迁出区土地整治工作,提供有益启示,解决好"向谁学、学什么"的问题。

一、重庆——地票制度

重庆市近年来以地票交易为核心的农村土地交易制度创新及其实践,很大程度上解决了快速工业化与城镇化过程中的土地短缺问题,通过盘活农村闲置土地资源切实增加了农民财产性收入,通过农村建设用地指标跨地区流动有效盘活了偏远地区农村建设用地资源,通过宅基地拆除与复垦有效推动了耕地与生态环境保护,在发展实际上有效支撑和促进了重庆市全面发展,这在理论与实践上为促进农村土地要素城乡流动与高效使用提供了可行思路,也为陕甘宁推进迁出区土地整治提供了有益的制度建设经验。从重庆地票制度改革试验实践来看,地票运行体现出城市支持农村、城乡一体化发展和实现人地协同的过程;地票生产是耕地增加的过程;地票交易是农村土地财产权变现的过程;地票使用是土地发展权(开发权)转移的过程。

(一)宏观背景与改革需求

1.大规模农业转移人口市民化迫切要求城乡建设用地挂钩

一般情况下,伴随城镇化率的提高,城镇人口增加,农村人口减少,与此相伴随的是,城市建设用地增加,农村建设用地减少。其原因是,由于城镇居民及其居住、生产、休闲娱乐、教育卫生等生产生活活动空间相对集中,土地利用率相对较高,一般城镇居民人均建设用地为 100 平方米;而相对而言,农村居民居住分散,户均宅基地及人均建设用地面积较大,一般为 200—300 平方米。单纯从理论上来讲,农村居民进入城镇后,一个居民可节约建设用地 150 平方米左右,如果将节约的建设用地复垦,农村耕地必然会相应增加。但在实际的城镇化过程中,我国城乡建设用地却都出现了"增加"、而耕地日趋减少的问题。出现这一问题的症结在于我国实行的城乡二元分割的土地制度。根据《国家新型城镇化规划(2014—2020 年)》,截至 2020 年,我国将有 1 亿左右农业转移人口和其他常住人口在城镇落户,这也将意味着约有 1500 万亩的建设用地指标补充城镇化需要、2250 万亩的农村建设用地复垦为耕地或者生态用地。但要实现这一目标,则需要在改革城乡二元土地制度、建立城乡统一的建设用地市场以及建立农村发展要素市场化配置机制等方面进行大胆的探索和实践。

2.易地扶贫迁出区大量荒芜宅基地和耕地亟须盘活措施

易地搬迁扶贫作为我国目前精准扶贫工作的重要举措,具有将原来分散居住转变为集中居住,进而提高土地利用效率与降低基础设施和公共服务设施供给成本的功能,但同时,在迁出区出现了大量腾出宅基地、耕地以及村集体建设用地荒芜现象,亟须对这些土地资源进行整治与盘活。根据有关方面的统计,在中央和地方的共同努力下,截至 2015 年,全国已累计 1200 多万人实现了移民搬迁和空间转移,伴随性产生的、需要整治或流转或职能转变的耕地、林地、宅基地等约有 3000 万亩。"十三五"时期,全国 22 个省(区、市)、约1400 个县(市、区)、981 万建档立卡贫困人口按照规划实施易地扶贫搬迁,同时各地根据各自具体条件,计划同步搬迁的约有 647 万人,在此期间将有耕地约 2500 万亩、宅基地约 260 万亩面临土地综合整治问题。就易地搬迁扶贫工作而言,也需要在迁出区土地整治与区域新农村建设、城镇化推进之间建立畅通有效的联动机制。

3. 主体功能区建设需要市场化的生态补偿机制来持续推动

目前我国正在进行的主体功能区规划建设与国土空间开发格局优化,是在现有土地利用空间结构、生产力布局与人口分布格局下,通过各类资源要素的统筹配置与市场化流动,引导人口与生产活动、经济活动向优先开发区、重点开发区集中,以集约节约利用土地空间资源,提高经济发展效率。同时,要严格确保农产品主产区、生态功能区、禁止开发区基本功能,提高农产品生产与供给能力、生态产品生产与供给能力。

(二)交易品种与运行机制

1. 交易品种

一是指标交易,也就是重庆制度创新的重点——地票交易。地票的产生与形成,是在对农村闲置宅基地、废弃不用的建设用地(包括集体经营性建设用地,如集体厂房、仓库等)通过土地整治复垦为耕地,由此腾出相应规模的建设用地指标,这些建设用地指标优先用于农村自身发展需要,比如,农户新宅基地批建、医疗卫生教育等村集体公共设施建设等,除此之外,结余部分将以市场化方式公开交易,由此形成地票,即在全市规划建设区内使用、公开交易、可流转的建设用地指标。二是其他农村产权流转交易。包括承包地经营权、林权、养殖水面经营权、"四荒地"使用权、农业机械、农村集体经济组织股权(收益权)、集体经营性建设用地使用权等。

2. 运行原则

一是地票制度的改革设计、运行实验、完善优化,都是在严格遵守政策法规的前提下进行的,特别重视改革举措与现行土地制度衔接。二是坚持"保护基本农田"、强调土地集约节约利用,在占补平衡政策实施中强调"先补后占"，以确保宅基地或集体经营性建设用地等废弃建设用地复垦后耕地数量与质量不减少、不降低。三是地票制度改革与实践，始终把农民群众的利益放在最高位置，切实推动"三农"问题的长效解决。四是坚持科学的工作方法与步骤，特别是土地权属要清晰，在申请—复垦—验收—指标交易等各个环节，强调通过"确权—复垦—再确权"的严谨方式清晰产权。五是坚持市场在资源配置中的决定性作用，强调在市场中形成价格的机制，有效协调供需关系，有序对接城乡建设用地市场。六是坚持与"四化并进"配套联动，与户籍改革、农村金融改革、新农村建设、农业产业化等统筹推进。

3. 制度体系

经过多年的探索与实践，重庆市基本形成了"自愿复垦、公开交易、收益归农、价款直拨、依规使用"的地票制度体系。基于重庆实践及其所取得的成效，《重庆市地票管理办法》于 2016 年 1 月 1 日颁布实施，这是我国第一部围绕地票而专门出台的政府规章制度，也是重庆市探索实践的制度性成果。关于地票制度体系的具体内容主要包括以下五个方面。

一是自愿复垦。参与地票交易的农户或者农民集体，是在城镇或者新居住点已经有居住房屋的前提下，自愿申请宅基地房屋或构筑物拆除、土地复垦，而且新建新农村布局、房屋设计等都要充分听取农民群众意见、建设意愿。特别强调，复垦所形成的耕地权属仍归原村集体，由原村集体农户承包。二是公开交易。按照生产要素市场化配置要求，推行市场化询价、市场化定价、市场化交易的方式，统一组织与公开交易相结合。三是收益归农。地票交易价款在扣除房屋或构筑物拆除、土地整治、地表整理等复垦成本后，剩余收益全部用于农业、农村、农民。以农村土地权属和确权颁证为依据，剩余收益按85：15 比例在农户和集体经济组织之间分配分享。四是价款直拨。按照规定，剩余收益由农村土地交易所委托银行直接拨付给农户和村集体，以保障农民和集体能够有保障地及时获取收益。五是依规使用。地票制度实施，需要始终坚持规划引领与控制，并与现行土地管理制度有机结合，按照规划进行复垦和运用地票（建设用地指标），使得地票的产生、交易、使用及收益分配等各个环节必须符合国土空间规划和相关要求。

(三)运行过程与实施效果

1. 统筹城乡土地资源,优化利用格局

重庆已产生、交易和使用的地票,70%以上来源于渝东南地区和渝东北地区。在重庆国土空间格局中,这两个区域的主体功能是生态涵养和生态保护,因此发展方向是推动超载人口有序转移,强化生态产品的生产与供给。对于产生的地票使用方向和空间,95%以上用于都市功能区及新区,以强化该区域的人口与经济集中功能。不论对于城镇,还是农村,在立足城乡差异、区域差异的基础上,强化主体功能培育与分工,提高不同功能空间辨识度与利用效率,既增强重点开发区经济发展和人口集聚力,又保护生态环境,增强生态空间的生态产品的供给能力。

2. 建立"占补"机制,坚守保护耕地红线

重庆市推进地票交易的基本程序是先复垦、补充耕地,再进行交易和建设用地占地,基本目标是确保耕地数量和质量,确保占补基本平衡。总体上,由农民自愿申请、复垦产生的高质量耕地,在实际落地使用的过程中只占征地范围的 60% 左右,在占补平衡中平均节省出 30% 左右的耕地。

3. 建立农民权益保障机制,有效提高农民收入水平

在实际实施过程中,复垦宅基地生成的地票以及交易所产生的纯收益,按 15∶85 的比例分配给村集体和农户。这种安排与实践,有助于农民增收、现代农业发展与美丽乡村建设。一是拓宽了农民增收渠道。一般情况下,重庆市农村户均宅基地 0.7 亩,借助地票交易,参与宅基地复垦和地票交易的农户能一次性获得 10 万元左右的净收益。同时,由于复垦而形成的耕地,重新承包或流转,土地产出约 1000 元。二是有助于农村建设与发展。村集体所获收益,主要用于村庄道路、田间水利设施、文化设施、教育设施建设,改善了农村生产生活条件。三是提升了农业转移人口融入城镇的能力。自愿有偿退出宅基地的农业转移人口,带着地票收益,在城镇做生意、购买房产、技能培训等,

增添了更多机会与能力。

4.推进农村市场化进程,优化农村土地利用方式

地票制度的建立与实践,使农民在参与过程中逐步了解土地作为生产要素的经济价值功能,体验土地要素市场交易程序以及土地价值升值与变现过程,真正体验作为农村土地市场参与主体具体参与交易的过程,由此培育农民市场经济理念、引导农民增强土地财产的价值观念,同时,有助于推动农村土地要素流转,也为现代农业规模经营、保护土地资源奠定基础。

二、山东省——城乡建设用地增减
挂钩助推土地整治

山东省是国土资源部确定的第一批挂钩试点省份,项目区和周转指标数量在挂钩试点省份中均居首位①。

(一)实行严格的挂钩试点政策

《国务院关于严格规范城乡建设用地增减挂钩试点工作的通知》出台后,山东省出台了《关于进一步规范城乡建设用地增减挂钩试点,加强农村土地综合整治工作的意见》,在文件中对留地安置政策、节余指标收益返还比例方式、搬迁移民安置和社区配套设施建设等做了详尽规定。对于留地安置政策,要求以县(区)为单位,用于农民生产生活、基础设施建设、住宅建设的增减挂钩指标不低于15%,同时留有一定的长远发展指标;对于指标收益分配方式方法,要求优先并最大限度支持美丽乡村建设。对于安置社区基础设施建设,要求按照"先安置后拆迁""先复垦后使用"的原则和程序,以保障农民基本权益。

---

① 乔润令、顾惠芳、王大伟等:《城乡建设用地增减挂钩与土地整治:政策和实践》,中国发展出版社2013年版,第6页。

（二）挂钩政策的实践成效

自 2006 年 4 月，国土资源部批准山东省第一批 66 个挂钩试点项目区，并下达挂钩周转指标 1728 公顷以来，截至 2008 年 10 月，山东省共完成拆旧复垦面积 1620 公顷，完成拆旧进度的 79%；安置拆迁户 1573 户，预留农村集体经济发展面积 63 公顷，投入资金 15 亿元，拆迁群众得到较好安置，普遍比较满意。

（三）拆迁安置模式

1. 整体搬迁，就地安置模式

这种安置模式不涉及土地权属在不同集体间的调整。通常情况下，适用于经济条件相对较好的地区。安置区以多层住宅为主，按照城镇社区的模式来进行建立和管理，高标准配套水电路信等基础设施和医疗卫生文化等公共服务设施。

2. 整体搬迁，易地安置模式

这种模式涉及不同村集体间土地权属调整的问题，需要处理好相关问题。章丘市演马村，全村 58 户，220 人，全部搬迁至镇政府驻地，极大地改善了农民的生产生活条件。该种模式通常适用于交通不便、农民搬迁意愿强烈的地区，即使政府投资量不大，也可以因势利导有效地引导农民投入。

3. 局部搬迁，插空加密模式

这种模式通常也在同一个村集体内部进行用地调整和整理。由于山东省很多行政村都包含了一些自然村，自然村在发展过程中自发形成，比较分散，缺乏规划，并且由于考虑到用水、通行等问题，通常占用自然条件较好土地。通过局部搬迁，使自然村向行政村统一规划的建设区内集中，并充分利用行政村内空闲的宅基地，提高了土地集约利用的程度。山东省的集体土地所有权多数属于行政村所有，所以在土地权属问题上不存在不同集体间的变更，比较易于操作。

4. 不同安置模式对比

无论何种安置模式,都存在村集体内部成员差异的问题。因此,妥善安置村集体困难农户成为拆迁中必须考虑的问题。无论采取何种安置模式,村集体都出资建设了老年房(困难群体房)。对于以平房安置为主的村庄,考虑到农村部分老年人不愿住楼房的情况出资建设了老年房,老年房既对村民出售,村民购买后获得完全产权,也为困难老人免费提供,村集体保留产权。而以平房安置为主的村庄,则以老年人免费居住,集体保留产权的形式为主。

三、贵州惠水县——统筹资源盘活"三地",建立助民增收机制

2016 年,贵州省提出了通过统筹资源盘活"三地",以建立助民增收的长效机制①。承包地、林地、宅基地"三地",是搬迁农户在迁出区的核心资产。惠水县以土地资源、集体荒山、自然景观等资源为抓手,通过入股方式,让迁出区各类资源成为搬迁户的收入来源,使撂荒土地恢复生机,使废弃荒地变废为宝,使绿色景观变成真金白银。全县迁出区共有林地 11.02 万亩、承包地 2.36 万亩、宅基地 798.7 亩。

根据《贵州省惠水县易地扶贫搬迁生计保障和后续发展工作试点方案》和《贵州省惠水县易地扶贫搬迁生计保障和后续发展工作试点推进实施方案》②,惠水县着力用好用活国家扶贫政策,搬迁群众原享有的耕地、林地权益不变,促进搬迁群众迁出区耕地、林地、宅基地"三地"资源向"三变"有效转变。

① 国家发展和改革委员会:《全国易地扶贫搬迁年度报告(2019)》,人民出版社 2019 年版,第 11 页。

② https://www.docin.com/p-1953282475.html.

（一）盘活耕地

一是做好确权流转。做好土地确权颁证工作,是助推土地流转、保障搬迁群众权益的基础性工作,也是落实惠农强农政策的前提条件。二是做好收储开发。成立惠水县移民后续扶持发展有限公司,对所有搬迁群众可流转耕地按每亩300元、水田400元的价格统一进行流转收储,流转期限为5年,5年后另行协商。土地流转服务中心对流转土地统一进行外包流转、开发经营和生态修复。三是支持新型经营主体流转。出台优惠政策,大力支持家庭农场、合作社、龙头企业等各类新型经营主体参与土地流转,特别是搬迁移民原承包地,促进农业产业化、规模化、市场化经营。四是做好退耕还林。将易地扶贫搬迁迁出区适宜退耕还林的耕地纳入新一轮退耕还林工程,经验收合格后兑现补助奖金。比如,惠水县涟江街道双坪村艾坪组迁出点位于石山区,共有130亩土地,其中水田仅10亩。经收储后,全体村民每年可直接获得土地流转收入4万元。

（二）盘活林地

一是做好权属界定。做好国家公益林、集体林地、联户发证林地区划界定以及相关补偿基金分配工作,确保搬迁群众按规定享受生态补偿基金。二是做好流转开发。对有流转价值的林地,由公司按每亩30元价格进行流转收储,并统一发包流转或开发。三是实施林业生态工程。结合国家、地方实施的林业生态建设工程,对易地扶贫搬迁迁出区周围的宜林荒山地块符合营造林技术要求的,优先纳入林业生态工程项目,经林业单位检查符合国家营造技术规程的可享受植树造林补贴。

（三）盘活宅基地

一是实施拆旧复垦,增加劳务收入。采取以工代赈的方式,统一组织旧房拆除复垦工作,鼓励搬迁移民在宅基地复垦中投工投劳,以获取工资性劳务收入。二是做好流退结合。根据"宅基地要在迁出一年内拆除房屋复垦"的政策,对于复垦或复绿,要因地制宜,区别对待。对复垦土地进行分类确权到户后再流转经营,对其中一些不适宜耕种或流转的土地进行植树造林。三是享受扶持政策。用于生态修复或发展生产的不同土地,要根据制度安排与政策要求,享受相应扶持政策。四是提升土地效益。对于闲置或废弃的农村集体经营性建设用地或公共设施用地,纳入增减挂钩项目的政策实施范围,产生收益用于支持易地扶贫搬迁与安置区建设。截至2016年底,惠水县已拆除房屋86户,复垦耕地31.2亩。通过上述系列举措,搬迁群众依托"三地"资源,每人每年预计可获得固定收入1000元左右。

四、经验启示

(一)易地扶贫搬迁是部分深度贫困地区脱贫致富的有效举措

从精准扶贫的措施与实际效果看,部分深度贫困农村的就地扶贫方式呈现"追求短期脱贫目标而忽视长远乡村振兴任务"的特点,致使许多扶贫举措具有短期性,甚至有些举措可能成为今后乡村振兴的政策障碍。理由如下。

一是从致贫原因上看,居住环境(一般位于偏远山区,其气候条件、地质环境、生态环境条件恶劣)、居住方式(主要是以分散居住为主要特征)和生产方式(仍然是小农生产、自给自足的自然经济模式)远离现代市场经济体系与现代文明,是产生贫困并陷入"贫困陷阱"难以自拔的根本原因。

二是从扶贫效果上看,这些贫困村在政策推动和社会各界共同帮助下能够在短期内完善通水、通电、通路等基础设施及医疗、卫生、教育等公共服务设施,也能够使得贫困户的危房得以改造,从而完成脱贫任务的指标要求,但这是一种低水平的设施完善及房屋改造,与乡村振兴的要求相差甚远,而且贫困村的整体面貌以及贫困户乃至大部分非贫困户的精神面貌、思维方式、生产方式、生活方式依然是一种"贫困"状态。

三是从乡村振兴看,目前这些短期扶贫政策和举措可能会成为今后乡村振兴的政策障碍。一是生产方式、生活方式、人居环境并未根本改变,再加上"空心村"现象在这些农村更为普遍,迁村并点、集聚居住、规模经营等将是这些农村长远发展的必然趋势。二是已经投资建设的供水、道路等可能成为乡村振兴中的沉没成本。三是那些已经享受了危房改造扶持政策的贫困户,不能再重复享受易地搬迁的扶持政策,这些农户会因政策长久固定在偏远的农村。

所以,对于那些地处偏远、分散居住的贫困乡村,不能仅限于2020年脱贫,而要立足全面小康和乡村振兴的长远目标进行顶层设计和统筹安排,加大易地搬迁扶贫的力度,从根本上帮助深度贫困村改善发展环境。

(二)增减挂钩支持易地搬迁扶贫的作用机理

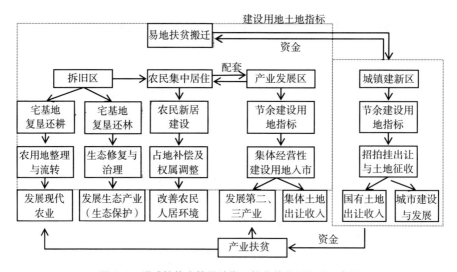

图9-1 增减挂钩支持易地搬迁扶贫的作用机理示意图

围绕城乡建设用地增减挂钩支持易地搬迁扶贫及后续扶持的相关政策,主要有:《关于农村土地征收、集体经营性建设用地入市、宅基地制度改革试点工作的意见》《中共中央国务院关于打赢脱贫攻坚战的决定》《关于支持深度贫困地区脱贫攻坚的实施意见》等。根据国土资源部《城乡建设用地增减挂钩试点管理办法》,结合贵州、重庆、山东等省市的具体做法,增减挂钩支持易地搬迁扶贫的作用机理如图9-1所示。

(三)增减挂钩支持是易地搬迁扶贫的有效政策措施

根据贵州、重庆、山东等省市的具体实践,增减挂钩支持易地搬迁扶贫切实能够取得多方面的实际效果,特别是能够解决易地搬迁扶贫中的土地与资金问题。一是通过农村节余建设用地指标空间转移与优化配置,将有助于城乡发展要素交换和农村,特别是偏远农村的居民享受到城镇化所带来的土地增值红利。二是将农民集中安置后,有助于改善农村基础设施和公共服务设施的配置效率和促进农民生产方式、生活方式、思维方式等向现代文明转变。三是有助于扩大城镇建设用地有效供给,从而减缓城镇地价以及城镇房价、铺面租金、厂房租金等上涨幅度,促进城镇低成本运行,一定程度上提高城镇综合竞争力。

第十章　陕甘宁易地移民扶贫迁出区
土地整治的对策建议

本课题在进行了理论综述、样本调查、现状分析和问题探析之后,目的是要提出解决问题的思路和对策。根据对陕甘宁地区,特别是这个区域的黄土高原地区农村实际情况的调查,我们认为,在中长期内,特别是在"十四五"规划时期,要科学选择迁出区土地整治的战略和措施,既要理顺思路,更要坚持因地制宜的基本原则,分类指导整治工作,同时,需要在相关政策创新上做出突破性调整,这样才能有针对性地提出具有一定可行性的对策和建议。

一、明确基本思路

(一)存在问题

陕西省、甘肃省、宁夏回族自治区迁出区土地整治现状的综合分析和甘肃庆阳市、镇原县、古浪县的区域性实地考察,目前各地对于易地移民扶贫迁出区的土地整治工作,因地制宜、分类整治,开展了以宅基地复垦、原有耕地高标准农田改造建设、生态绿化等为主要内容的土地整治工作,在土地资源盘活与生态环境治理上取得了明显成效。但在各地的实际调研中也发现,由于易地移民扶贫工作时间紧、任务重、资金相对紧张,再加上易地扶贫搬迁群众"故土难离""离土不离业"的情结或现实情况,使得各地在推进易地扶贫搬迁,特别是在迁出区土地整治工作推进过程中,还存在一些不足。这些实际情况必然直接影响到整治战略和政策的选择。

1. 迁出区土地整治成本较高

由于时间、资金、经历等因素制约,各地往往注重按章办事、按要求推进,满足于达标和考核,并且大多是立足一地一域,做好自己管辖范围的分内之事,对土地整治缺乏区域性、整体性的综合谋划和长远安排,导致一些现实举措带有短期性和局部性特点。从近年来我国的易地搬迁补贴政策来看,基本不考虑区域差异性问题,同样的中央财政补贴,对于不同地区的农村来说,实际效果甚至完全不同。这是因为不同的地区由于自然地理、资源基础、经济发展、社会发展、人口素质等的差异性很大。相对来说,陕甘宁处在中国自然条件最差的地理空间,农村易地搬迁的成本、土地整治的成本、生态恢复的成本等,都要比其他地区高得多。

在陕甘宁易地扶贫搬迁迁出区中,大多数迁出区属于黄土高原地区、干旱和半干旱地区和黄河支流生态恢复重点地区,土地整治的成本高、劳动量大、短期内见效慢,这些对比我国西南农村地区要严重得多,同样的国家政策支持,在南方也许可以做很多事情,在西北则只能做很少的事情,因为成本差异性太大了,再加上目前部分农产品生产中的"增产不增收"现象,农村村委会也罢,农民也罢,实际上也不愿意向土地投入,更不要说是生态恢复了。

2. 迁出区土地整治的思路和战略难以到位

调查发现,在许多地方,当地政府和搬迁群众比较重视迁入区的建设,因为上级政府对搬迁项目的考察和评估主要是对迁入区,而不是迁出区,致使部分迁出区实际上的整治工作属于自然撂荒,基本没有人管,没有人评价,没有人管理,再加上考核目标单一、资金相对不足、发展渠道有限、土地整治近期效益不明显,各地对迁出区土地整治的工作动力不足。这说明,目前国家对农村易地搬迁的效果评价指标、重点和最终打分,是存在不足的。

3. 迁出区所在区域经济社会的整体发展水平很低

迁出区所在区域经济社会的整体发展水平很低,大部分基层,不管是县市区还是乡镇村,在实施迁出区土地整治的过程中,资金相对不足,对旧宅基地整治、耕地整治、道路整治等，就非常少，致使迁出区土地整治相关工作难以系统开展和深度推进。调查发现，有些地区政府在搬迁后的土地整治工作中，名义上强调要注重生态恢复和宅基地整治，但是，实际上这些工作往往落实不了，多数上级部门也不对此种情况进行全面调查。

4.迁出区土地整治政策落实有待提升

调查中还发现，迁出区土地整治中运用增减挂钩政策盘活了农村建设用地指标资源，但实施规模有限、渠道相对单一，许多地方对国家的这个政策实际上落实不了。因此，对于今后进一步挖掘和实现迁出区土地生态价值、经济价值等，还需探索新的路径和方式。

（二）基本思路

1.坚持以"生态恢复""生态修复"为核心的土地整治方向

坚持迁出区土地整治的基本方向是生态恢复和生态修复，目的是挖掘和提升迁出区土地生态价值。一是在迁出区土地整治的总体思路上，要从人—地关系协调的高度出发，将迁出区土地整治工作纳入国土空间开发格局优化和生态文明建设的战略范畴与现实举措。二是迁出区是我国现代化和易地搬迁过程中产生的特殊空间区域，也是我国践行生态战略、建设生态文明的重要空间与重要领域，对于优化国土空间开发格局具有重要意义。三是随着经济社会发展水平整体提升和社会空间正义的实现，迁出区已被实践证明不适合大规模农业和工业生产，其主体功能将由传统农村和农业生产转向自然和生态空间。如果适合农业生产和人类生活，也就没有必要实施易地搬迁工程了。

2.坚持因地制宜因时制宜的土地整治原则

坚持迁出区土地整治的基本原则是因地制宜和因时制宜，目的是立足新的发展水平、基于不同的水土资源条件，强调整治方式与迁出区土地自然条件的适配性，以最佳方式最大程度挖掘迁出区土地生态价值。围绕生态环境保护，要从实际出发，宜水则水、宜山则山，宜粮则粮、宜农则农，宜工则工、宜商则商，积极探索富有地域特色的高质量发展新路子。这正是今后迁出区土地整治、生态环境保护、土地生态价值转化的基本原则。

3. 坚持与黄河战略实施相结合的现实路径

迁出区土地整治的现实路径是坚持与黄河战略实施相结合。一是黄河流域环境保护和高质量发展成为国家战略,势必加大黄河流域生态保护力度和生态建设力度。特别是在黄河流域的水源区、支流区和黄土高原区,目前仍然面临着水土流失治理、生态功能区建设、水源涵养区治理等许多非常现实的问题,需要通过一系列重大工程来解决。二是陕甘宁迁出区大多位于黄土高原区,是黄河流域水土流失最为严重的核心区域,迁出区土地整治理应是黄河战略实施的有机组成部分。三是随着黄河战略的广泛和深入实施,黄河流域区域人口和城镇布局将按照国家的"黄河战略"进行重新规划,易地搬迁力度将会加大,易地搬迁与迁出区土地整治更需同步推进。

4. 坚持与乡村振兴有效衔接的政策关照

迁出区土地整治的政策关照是坚持与乡村振兴相结合。一是按照整村搬迁还是部分搬迁的不同搬迁方式,推进迁出区土地整治要与迁出区土地所有权、占有权和使用权调整和完善相结合,同步推进。二是基于发展权空间转移的基本思路,促进迁出区土地整治与迁入区建设相结合。三是充分考虑国家新政策和新战略对农村发展的影响和积极应对问题。从 2019 年以来,党中央和国务院出台了大量新的战略和政策,如黄河流域生态保护和高质量发展、建立现代经济体系、政府治理能力要实现现代化、农村全面实现小康目标等,依据这些重大战略和政策,陕甘宁必须重新考虑农村人口空间布局和国土空间开发格局优化问题,必须将移民安置区建立现代经济体系问题和迁出区土地整治与生态恢复问题提上议事日程,必须专题研究生态建设重点区和安置区的小康特点及其建设途径的特殊性。

5. 坚持传统生活资源转向现代生产资源的土地整治重点

迁出区土地整治的重点任务是将迁出区原来的宅基地、集体经营性建设用地、圈舍等生产性用地等传统农村社会生产生活性资源,通过拆除、整平、植树、种草等方式转化为区域性生态资源和生产资源,强调迁出区土地资源的功能转化和盘活利用,以避免迁出区因人口迁移外出而放任荒芜衰败。一是将不再适用的建筑物和构筑物拆除,以很小成本复垦绿化。二是结合自然条件和市场需求,转变土地使用方向,着力发展绿色、自然的特色养殖业、林果业,发展区域性特色林下经济。三是扩充与提升迁出区生态价值,探索生态产品价值实现机制和跨区域联动机制,实现迁出区经济、生态、社会的整体推进。

二、分类指导工作

迁出区土地整治要坚持因地制宜因时制宜原则,基于不同迁出区土地类型的差异性和特殊性,按照国土空间开发格局优化原则,突出土地整治方式的针对性、操作性、适宜性和有效性。

(一)黄土高原区

陕北、宁北、宁中、陇东、陇中等适时实施易地移民扶贫工程的迁出区,大多位于黄土高原区,属于干旱半干旱区域,地貌类型呈现沟壑纵横、卯梁交错特征,土地采用传统小规模梯田开发方式。随着城镇化推进和易地移民搬迁工程的实施,面临迁出区宅基地房屋拆迁和土地复垦复绿、梯田改造与综合利用等现实需求。一是对于适合种植业的土地,要与高标准农田建设工程相结合,推进适合农业生产的传统梯田改造,实现小规模、狭窄型梯田向大规模、适合机械作业的现代梯田转型,同时配套水电路等基础设施建设与龙头企业、家庭农场、农业合作社等新型农业经营主体培育,高标准、高效率、高质量盘活耕地资源。二是不适合种植业的土地,要与退耕还林还草工程相结合,强化耐旱性、固土性强的林木与植被建设,适时发展特色林果业,着力发展林下经济与生态经济,同时强化国有林场与国有农场的生态保护与生态经济发展的综合职能。

（二）黄河水源区

甘南、临夏、定西等实施易地移民扶贫搬迁工程的迁出区，是黄河流域干流或支流水源地，具有重要水源涵养区、典型的气候变化敏感区和生态环境脆弱区三重特性，其土地整治的重点是生态绿化与水源保护。一是科学利用人工影响天气工程、合理载畜量优化等措施，提升水源涵养能力。二是促进渭源、环县等支流水源区植树造林与植被建设，有效防止水土流失，提升水源涵养能力。三是着力适时推进刘家峡等水源库区的生态隔离带建设，建议围绕水源库区建设宽 1km 的生态防护带，禁止任何类型的工业生产活动，其中，山地强调以林带建设为主，川平地以现代生态农业生产为主。

（三）高寒阴湿区

宁南六盘山区、甘肃甘南临夏及天祝县、陕西秦岭地区等实施易地移民扶贫搬迁工程的迁出区，大多位于高寒阴湿区、区域内低温缺氧，特殊土质广泛分布，且生态脆弱，容易受到外界的干扰发生退化演替，自然恢复时间较长、自我修复能力较弱，这些因素给水土保持和土地整治工作带来了巨大挑战。一是着力实施建筑物构筑物拆除、硬化路面生态治理等基础工程，减少以往残垣断壁对生态恢复的影响。二是选种适宜树种、绿化植被，强化人工修复与生态恢复相结合的生态治理方式。三是通过土地整治和有针对性、选择性地种植藜麦等特色植物品种，强化生态种植、生态管护、生态收割、生态加工和生态销售，发展生态经济。

（四）丘陵山地区

甘肃陇南、甘南、天水部分县区实施易地移民搬迁工程的迁出区，大多位于陇南山地区和丘陵山地区。该区域位于我国地形阶梯的过渡带，盆地、丘陵、深谷、高山依次分布，错落相间，独具特色、错综复杂。一是在地形上，北部西和、礼县山地呈现低山宽谷的黄土地貌，海拔不到 1800 米；东部徽（县）成

（县）盆地被秦岭夹峙，长百余公里，宽数十公里，呈现丘陵宽谷地形，海拔甚至低于1000米以下；西南部康县、文县、武都区、舟曲县为高山峡谷区，高山峻岭与深切河谷错落相间，相对高差多在1000米以上。二是在气候上，陇南是甘肃省唯一拥有亚热带气候的地区，温暖的气候、丰富的地貌使得陇南山地的水分地带性和垂直地带性明显，形成了"一山有四季，十里不同天"的景观。三是在迁出区土地整治方式选择上，坚持原有房屋拆除和植树绿化，特别要基于当地农业传统和自然条件，强化花椒、油橄榄、核桃、绿茶等特色林果业发展。

三、政策体系创新

中国改革开放40多以来的实践证明，政府政策的扶持是农村实现改革开放、发展方式转型、农业产业化和扶贫脱贫的主要措施。由于陕甘宁地区农村的实际情况和条件限制，在今后要全面实施好易地搬迁发展的战略，还必须坚持政策扶持的基本战略，不断创新相关的政策措施。建议国家对这方面的相关政策做如下调整，以适应新的形势和发展需要。

（一）将易地扶贫搬迁政策改为"易地扶农政策"

将部分农村地区的易地扶贫搬迁政策改为"易地扶农政策"势在必行。从我国农村经济扶持政策体系的建设过程来看，扶贫政策主要包括两大类：一类是针对农村绝对贫困人口的政策；另一类是针对农村相对贫困人口的政策。前一类政策有历史时限，而后一类政策将长期存在。为了使全国各地的农村人口通过要素市场的作用，能够得到大致平等的发展环境和条件，并且不再使用"扶贫"的词汇，可以将现在的政策调整为"扶农政策"，纳入解决相对贫困人口的范畴，纳入解决"三农"问题的政策体系中去。

（二）在部分地区延长或实施"易地扶农政策"

一是尽管以往政策对于居住在"一方水土养育不了一方人"贫困地区的

贫困人口进行了"应搬尽搬",但由于我国自然条件区域性差异大,在甘肃、云南、贵州、青海和宁夏等省区的深山区、荒漠区、自然保护区等地区,还存在寄希望于搬迁改变发展环境的相对贫困人口,这部分的人口数量也不小。在"十四五"规划时期,要通过精准的相对贫困人口识别来重新确定这部分人口的数量、结构、分布和解决的思路和政策。

二是黄河流域环境保护和高质量发展成为国家战略,势必加大黄河流域生态保护力度和生态建设力度。特别是在黄河流域的水源区、支流区和黄土高原区,目前仍然面临着水土流失治理、生态功能区建设、水源涵养区治理等许多非常现实的问题,需要通过一系列重大工程来解决。比如,甘肃是黄河流域上游地区的重要区段,全长有 940 多公里,有许多支流,还有 11.3 万平方公里的黄土高原,这个区域人口和城镇布局要按照国家的"黄河战略"进行重新规划,易地搬迁力度将会进一步加大。

三是陕甘宁等地在易地扶贫搬迁政策的实施中积累了不少成功经验,但是也存在一些不足,需要在下一步的易地搬迁工作中纠正或完善。从对陕甘宁部分农村的调查情况来看,有些地区在易地搬迁中"一刀切"的现象比较明显:一是有些地方把国家用于搬迁补助的资金几乎全部用于盖房,相应地打造产业基础和扶持产业发展,以及迁出区土地整治的投入很少。二是对迁出区的管理比较松散,旧房推平和生态化工作滞后。三是有些地方将搬迁的农村人口全部作为"生产性"人口,没有区分人口类型。

(三)优化搬迁补助资金的实行使用结构

建议将国家的搬迁补助资金实行结构化管理。大体建议是:1/3—1/2 资金用于搬迁人口和房屋建设;1/4—1/3 资金用于安置区的产业培育和土地整理、水利设施等基础设施建设;1/5 左右的资金用于迁出区的土地整治与生态恢复和综合治理。对搬迁移民既要强调"空间迁移",也要注重后续发展支持,资金使用和工作重点既要向前看,也要向后看,通过设置搬迁过渡和适应期,帮助搬迁移民真正融入新的生产生活环境。

四、实证性对策建议

依据以上分析,在今后要继续做好农村易地搬迁发展和迁出区的土地整治工作,一方面要进一步明确思路,坚持正确的整治原则和政策导向,另一方面要在具体工作中创新机制,增加实效。

(一)建议更进一步做好土地摸底与现状调查工作

在易地移民扶贫迁出区土地现状的把握上,要进一步做好迁出区土地类型及其规模、使用方式与现状、建筑物或构筑物及其使用等土地摸底与现状调查工作。目的是由对迁出区"土地利用现状是什么、整治潜力有多大"的问题有一个基本的了解和把握,这是做好迁出区土地整治长远规划、现实谋划、具体推进的前提和基础。要系统解决这个问题,既需要广泛深入的实地调研,也需要科学方式,如室内作业与户外考察相联系、地图计算与现实对照相印证等方式,分析迁出区土地可整理类型与整治方向,以科学计算各类土地整治的现实潜力。

(二)建议将易地搬迁政策与黄河战略紧密结合起来

建议将易地搬迁作为贯彻执行黄河流域生态环境保护和高质量发展的重要举措,特别是在水源补给区、支流区和黄土高原区。建议陕甘宁各省区发改委、农办、自然资源厅、水利厅、生态环境厅等部门,深入调查黄河流域甘肃段的水源涵养区、支流区河道生态、黄土高原水土流失和陇南山区泥石流等生态敏感区的人口分布及其生产生活环境变化,研究制定易地搬迁方案。

(三)建议执行地方病多发区整体移民安置的战略和政策

陕甘宁是西北地区地方病多发区,如甘肃的渭源、漳县、岷县等。这些地区的地方病多发现象在过去的若干年中有改变,但是改变不大。要从根本上改变这种局面,必须将地方病多发区全部纳入易地扶农政策体系,加大易地搬迁的力度,通过易地搬迁彻底改变居民生存生活环境,彻底阻断地方病致病因素,并将迁出区定性为生态区、无人区来进行整体治理。

(四)建议实施"双区合一"的农村生态保护和高质量发展战略

以往的移民安置政策对生态敏感区与贫困人口集中区的高度耦合问题不是很重视,解决办法比较单纯。根据调查分析,陕甘宁许多贫困人口集中区与生态敏感区之间存在高度耦合的关系。所谓"生态敏感区"是指地震带、水源保障区、严重干旱区、高海拔区和泥石流多发区等。从国家政策的意义上看,这些区域也正是限制和禁止开发区,通过空间移民安置仍然是这些地区农村人口和部分村镇未来发展的重要途径。针对生态敏感区与贫困集中区耦合性的客观现实,建议将易地搬迁作为破解耦合性的重要举措。根据陕甘宁生态敏感区和相对贫困人口集中区的具体情况,组织相关专家进行深入的社会调查,列出耦合区的人口和村镇空间布局图,分先后列出搬迁时间表,编制相关专题规划,提出可行性落实方案。

(五)建议围绕农村五保户等特殊人群集中建设养老区福利区

针对农村五保户等特殊人群的情况,建议通过移民搬迁的方式,在城镇集中建设养老区、福利区,相对高效和优质地提供较好的基础和公共服务。提出这个思路,是因为近年来,在部分移民安置区中,有劳动能力的人口与没有劳动能力的人口一般都是按照统一的政策和标准执行,不加以区分。从农村的人口现实结构来看,总有部分人口实际上没有劳动能力。为了降低安置成本,有必要将这部分人口在小城镇、县城和人口新区进行集中安置。

(六)建议要立足本地实际并以项目为载体推动土地整治

在寻求国家相关政策支持上,要立足本地实际,谋划科学项目,以项目为载体和依据争取国家政策和资金主持。鉴于易地移民扶贫迁出区土地的重要生态功能或资源价值:(1)建议中央政府应该把迁出区土地整治纳入国家战略视野,并对西部移民集中迁出区土地整治及后续建设和生态治理出台相应的扶持政策。(2)基于盘活土地资源、生态环境治理、优化国土空间开发格局的现实需求,围绕农村集体资产与经营性建设用地、农户宅基地及其上附着房产治理或开发等研究和出台相应政策。(3)立足迁出区长远发展,结合自然资源和国土资源普查,根据迁出区特殊自然条件,因地制宜推进梯田高标准改造升级、宅基地复垦复绿、生态修复保护、生态价值转化等方面的体制机制和政策创新。(4)建议要进一步用好城乡建设用地增加挂钩等相关政策,"探索建立全国性的建设用地、补充耕地指标跨区域交易机制。"

参 考 文 献

一、相关政策文件

1. 中共中央、国务院:《关于打赢脱贫攻坚战的决定》,中国政府网,2015年12月7日。

2. 国务院:《"十三五"脱贫攻坚规划》,国务院新闻办公室网站,2016年12月7日。

3. 国务院:《全国国土规划纲要(2016—2030年)》,中国政府网,2017年2月4日。

4. 中共中央、国务院:《关于实施乡村振兴战略的意见》,中国政府网,2018年2月4日。

5. 中共中央、国务院:《关于打赢脱贫攻坚战三年行动的指导意见》,新华网,2018年8月19日。

6. 中共中央、国务院:《乡村振兴战略规划(2018—2022年)》,中国政府网,2018年9月26日。

7. 中共中央、国务院:《关于坚持农业农村优先发展做好"三农"工作的若干意见》,中国政府网,2019年2月19日。

8. 中共中央办公厅、国务院办公厅:《关于加大脱贫攻坚力度支持革命老区开发建设的指导意见》,国务院新闻办公室网站,2016年2月1日。

9. 中共中央办公厅、国务院办公厅:《深化农村改革综合性实施方案》,中国政府网,2015年11月2日。

10. 中共中央办公厅、国务院办公厅:《关于完善农村土地所有权承包权经营权分置办法的意见》,中国政府网,2016年10月30日。

11. 国土资源部:《城乡建设用地增减挂钩试点管理办法》,中国政府网,2009年3月2日。

12. 国土资源部:《关于进一步运用增减挂钩政策支持脱贫攻坚的通知》,自然资源部网站,2017年4月13日。

13. 国土资源部、国家发展改革委:《全国土地整治规划(2016—2020年)》,国家发展改革委网站,2017年5月17日。

14. 国家发展改革委:《关于进一步加大易地扶贫搬迁后续扶持工作力度的指导意见》,国家发展改革委网站,2019年7月10日。

15. 国家发展改革委、自然资源部:《全国重要生态系统保护和修复重大工程总体规划(2021—2035年)》,中华人民共和国自然资源部网站,2020年6月12日。

16. 财政部:《重点生态保护修复治理资金管理办法》,中国政府网,2021年10月26日。

17. 陕西省人民政府办公厅:《陕南地区移民搬迁安置工作实施办法(暂行)》,陕西省人民政府网站,2011年9月19日。

18. 陕西省人民政府办公厅:《关于印发陕南地区移民搬迁安置建房资金筹措方案和陕南移民搬迁工程有限公司运行机制的通知》,陕西省人民政府网站,2012年2月17日。

19. 陕西省人民政府办公厅:《关于进一步加强和规范陕南地区移民搬迁工作的意见》,陕西省人民政府网站,2014年6月17日。

20. 陕西省扶贫开发办公室、陕西省发展和改革委员会:《陕西省"十三五"农村脱贫攻坚规划(2016—2020年)》,陕西省乡村振兴局网站,2016年10月12日。

21. 陕西省自然资源厅:《陕南移民搬迁建设用地管理实施细则》《陕南移民搬迁土地综合整治实施细则》《陕南移民搬迁土地权属管理实施细则》《陕

南移民搬迁土地增值收益使用管理实施细则》,陕西省自然资源厅网站,2014年8月18日。

22.陕西省人民政府办公厅:《陕西省"十三五"易地扶贫搬迁工作实施方案》,陕西省自然资源厅网站,2016年8月30日。

23.陕西省国土资源厅:《关于加快推进城乡建设用地增减挂钩助推脱贫攻坚有关工作的通知》,陕西省自然资源厅网站,2018年9月29日。

24.陕西省人民政府办公厅:《关于印发易地扶贫搬迁三年行动实施方案的通知》,陕西省人民政府网站,2018年12月5日。

25.甘肃省人民政府办公厅:《甘肃省易地扶贫搬迁项目建设管理办法》,甘肃经济信息网,2016年7月25日。

26.甘肃省人民政府办公厅:《甘肃省"十三五"易地扶贫搬迁规划》,甘肃省人民政府网站,2016年8月8日。

27.宁夏回族自治区人民政府:《宁夏"十三五"易地扶贫搬迁规划》,宁夏回族自治区人民政府网站,2016年8月23日。

28.甘肃省人民政府:《关于加快推进"十三五"时期易地扶贫搬迁工作的意见》,甘肃省人民政府网站,2016年9月10日。

二、中文专著

29.艾思奇:《大众哲学》,人民出版社2016年版。

30.何得桂等:《摆脱贫困——记述陕西易地扶贫搬迁》,知识产权出版社2018年版。

31.[匈]卢卡奇:《历史与阶级意识》,杜章智、任立、燕宏远译,商务印书馆1999年版。

32.乔润令、顾惠芳、王大伟等:《城乡建设用地增减挂钩与土地整治:政策和实践》,中国发展出版社2013年版。

33.银守钰:《甘肃省景泰川电力提灌第二期工程古浪灌区志》,甘肃人民出版社2001年版。

34.《中华人民共和国农村土地承包法》(实用版),中国法制出版社 2019年版。

35. 中共中央马克思恩格斯列宁斯大林著作编译局:《马克思恩格斯选集》(第三卷),人民出版社 1972 年版。

三、学术论文

36. 龙花楼:《论土地整治与乡村空间重构》,《地理学报》2013 年第 8 期。

37. 白中科、师学义、周伟等:《人工如何支持引导生态系统自然修复》,《中国土地科学》2020 年第 9 期。

38. 蔡立东、姜楠:《农地三权分置的法实现》,《中国社会科学》2017 年第5 期。

39. 陈阳、岳文泽、张亮等:《国土空间规划视角下生态空间管制分区的理论思考》,《中国土地科学》2020 年第 8 期。

40. 陈志辉、王克林、陈洪松等:《喀斯特环境移民迁出区植物多样性研究》,《中国生态农业学报》2008 年第 3 期。

41. 崔家兴、顾江、孙建伟等:《湖北省三生空间格局演化特征分析》,《中国土地科学》2018 年第 8 期。

42. 翟坤周、周庆元:《三维效应、三维结构与农村土地综合整治的关联度》,《改革》2012 年第 12 期。

43. 董欢:《农村土地综合整治中的利益相关者分析》,《西北农林科技大学学报(社会科学版)》2014 年第 4 期。

44. 鄂竟平:《提升生态系统质量和稳定性(深入学习贯彻党的十九届五中全会精神)》,《人民日报》2021 年 1 月 8 日。

45. 冯伟林、李聪:《易地扶贫搬迁农户生计恢复策略选择的影响因素研究——基于陕西安康的农户调查》,《云南民族大学学报(哲学社会科学版)》2020 年第 2 期。

46. 高新才、滕海峰:《城市政府视角下生态城市建设的思路与重点》,《城市发展研究》2011 年第 2 期。

47. 韩俊:《做好农村改革的整体谋划和顶层设计》,《人民日报》2015 年 11 月 3 日。

48. 海晓明:《固原市原州区生态移民迁出区生态修复治理存在的问题和建议》,《农民致富之友》2015 年第 22 期。

49. 韩宁:《中华人民共和国成立以来农村土地经营政策演进研究》,《重庆理工大学学报(社会科学版)》2020 年第 3 期。

50. 胡博成、朱忆天《从〈资本论〉到新时代:马克思空间生产理论及双循环新发展格局构建研究》,《重庆大学学报(社会科学版)》2021 年第 1 期。

51. 胡潇:《空间的社会逻辑——关于马克思恩格斯空间理论的思考》,《中国社会科学》2013 年第 1 期。

52. 胡潇:《空间正义的唯物史观——关于马克思恩格斯空间理论的思考》,《中国社会科学》2018 年第 10 期。

53. 胡潇:《社会形态的空间界画——试论马克思关于历史考量的空间尺度》,《哲学研究》2015 年第 10 期。

54. 胡潇:《生产关系的地理学叙事——当代唯物史观空间解释的张力》,《广东社会科学》2014 年第 6 期。

55. 黄少安、孙圣民、宫明波:《中国土地产权制度对农业经济增长的影响——对 1949—1978 年中国大陆农业生产效率的实证分析》,《中国社会科学》2005 年第 3 期。

56. 简新华、杨冕:《"中国农地制度和农业经营方式创新高峰论坛"综述》,《经济研究》2015 年第 2 期。

57. 江曼琦、刘勇:《"三生"空间内涵与空间范围的辨析》,《城市发展研究》2020 年第 4 期。

58. 孔祥智:《农村的"三块地"改革应走市场化之路》,《农村工作通讯》2015 年第 8 期。

59. 李含琳、滕海峰:《坚持科学调研》,《甘肃日报》2013 年 12 月 11 日。

60. 李含琳、滕海峰:《"新土改"要与农村微观经济基础重建同步推进》,《甘肃农业信息》2017 年第 6 期。

61. 李含琳、滕海峰:《加强易地扶贫迁出区荒芜土地的整治势在必行》,《甘肃农业》2017 年第 12 期。

62. 李含琳:《甘肃省生态敏感区与深度贫困高度耦合问题探讨》,《甘肃农业》2018 年第 1 期。

63. 李含琳:《我国不同区域现代农业三大体系构建战略探讨》,《甘肃理论学刊》2018 年第 3 期。

64. 黎庶乐:《唯物史观与当代空间问题》,《光明日报》2016 年 11 月 30 日。

65. 刘彦随、朱琳、李玉恒:《转型期农村土地整治的基础理论与模式探析》,《地理科学进展》2012 年第 6 期。

66. 卢卫芳:《扶贫移民户原宅基地腾退意愿与行为差异研究》,西北农林科技大学硕士学位论文。

67. 吕建兴、曾小溪、汪三贵:《扶持政策、社会融入与易地扶贫搬迁户的返迁意愿——基于 5 省 10 县 530 户易地扶贫搬迁的证据》,《南京农业大学学报(社会科学版)》2019 年第 3 期。

68. 麻朝晖:《我国的贫困分布与生态环境脆弱相关度之分析》,《绍兴文理学院学报(哲学社会科学版)》2003 年第 1 期。

69. 马流辉、曹锦清:《易地扶贫搬迁的城镇集中模式:政策逻辑与实践限度——基于黔中 G 县的调查》,《毛泽东邓小平理论研究》2017 年第 10 期。

70. 毛丹、王燕锋《J 市农民为什么不愿做市民——城郊农民的安全经济学》,《社会学研究》2006 年第 6 期。

71. 乔陆印、刘彦随:《新时期中国农村土地综合整治逻辑体系框架》,《人文地理》2016 年第 3 期。

72. 曲衍波、姜广辉、张凤荣等:《基于农户意愿的农村居民点整治模式》,《农业工程学报》2012 年第 23 期。

73. 任晓蕾、张旺锋、马文亚等:《天祝藏族自治县生态移民政策实施效果实证研究》,《资源开发与市场》2016 年第 3 期。

74. 沈国舫:《从生态修复的概念说起》,《浙江日报》2016 年 4 月 21 日。

75. 沈国舫:《生态修复:土地整治不可缺位》,《中国国土资源报》2016 年 1 月 15 日。

76. 檀学文:《中国移民扶贫 70 年变迁研究》,《中国农村经济》2019 年第 9 期。

77. 滕海峰、李含琳、李祯等:《易地搬迁扶贫中的土地整治与产业打造联动模式创新——甘肃省河西走廊地区国家级深度贫困县古浪县的调查报告》,《生产力研究》2019 年第 2 期。

78. 滕海峰、李含琳:《"新土改"对农村土地经营制度的影响及其政策应对——甘肃调查》,《甘肃理论学刊》2018 年第 1 期。

79. 滕海峰、李含琳:《甘肃省精准扶贫的实践模式探索》,《甘肃农业》2016 年第 13 期。

80. 滕海峰、李含琳:《甘肃省优化国土空间开发格局的思路与对策》,《甘肃理论学刊》2016 年第 5 期。

81. 滕海峰、李楠:《先进生产力目标导向下新型职业农民培育问题探讨》,《生产力研究》2018 年第 8 期。

82. 佟玉权、龙花楼:《脆弱生态环境耦合下的贫困地区可持续发展研究》,《中国人口·资源与环境》2003 年第 2 期。

83. 涂圣伟:《易地扶贫搬迁后续扶持的政策导向与战略重点》,《改革》2020 年第 9 期。

84. 王正平:《生态文明的哲学基础》,《解放军报》2008 年 4 月 4 日。

85. 温铁军、郎晓娟、郑风田:《中国农村社会稳定状况及其特征——基于 100 村 1765 户的调查分析》,《管理世界》2011 年第 3 期。

86. 吴大远、施运华:《失地农民市民化的困难实质与显效途径——基于被动城市化进程中效率与公平统一问题的调查》,《生产力研究》2014 年第

6 期。

87. 杨泰运、李启森:《农牧交错地区沙漠化土地整治与开发利用》,《干旱区资源与环境》1994 年第 2 期。

88. 姚树荣、刘书天:《易地扶贫迁出区的国土空间治理》,《农村经济》2019 年第 11 期。

89. 姚树荣、龙婷玉:《基于精准扶贫的城乡建设用地增减挂钩政策创新》,《西南民族大学学报(人文社科版)》2016 年第 11 期。

90. 姚树荣、龙婷玉:《市场化土地整治助推了乡村振兴吗——基于成都 1187 户上楼农民的调查》,《中国土地科学》2020 年第 1 期。

91. 姚洋:《中国农地制度:一个分析框架》,《中国社会科学》2000 年第 2 期。

92. 叶汝贤:《每个人的自由发展是一切人的自由发展的条件——〈共产党宣言〉关于未来社会的核心命题》,《中国社会科学》2006 年第 3 期。

93. 于一尊、王克林、陈洪松等:《基于参与性调查的农户对环境移民政策及重建预案的认知与响应——西南喀斯特移民迁出区研究》,《生态学报》2009 年第 3 期。

94. 袁蓓:《从"资本逻辑"到"人本逻辑"——新时代马克思主义城市—空间研究的范式变革与中国实践》,《长白学刊》2020 年第 2 期。

95. 岳文泽、王田雨:《中国国土空间用途管制的基础性问题思考》,《中国土地科学》2019 年第 8 期。

96. 王兴为:《生态城市的哲学思考》,武汉理工大学硕士论文,2006 年。

97. 熊小果:《马克思视角下资本空间化及其中国启示研究》,上海交通大学博士学位论文。

98. 郧宛琪、朱道林、汤怀志:《中国土地整治战略重塑与创新》,《农业工程学报》2016 年第 4 期。

99. 郧文聚、宇振荣:《中国农村土地整治生态景观建设策略》,《农业工程学报》2011 年第 4 期。

100. 张茂林:《移民迁出区生态环境的治理——贫困地区人口、资源、环境与经济可持续发展之路》,《干旱区资源与环境》1996 年第 3 期。

101. 张清勇、丰雷:《谁是中国沿海滩涂的所有者?——滩涂所有权的制度变迁与争议》,《中国土地科学》2020 年第 9 期。

102. 郑淋议、钱文荣、洪名勇 等:《中国为什么要坚持土地集体所有制——基于产权与治权的分析》,《经济学家》2020 年第 5 期。

103. 朱晓华、陈秧分、刘彦随 等:《空心村土地整治潜力调查与评价技术方法——以山东省禹城市为例》,《地理学报》2010 年第 6 期。

后　记

近年来,关于易地扶贫、土地整治、乡村振兴、土地制度改革、国土空间格局优化等现实和理论问题,各地进行了卓有成效的实践探索,很多行家里手对此也做了大量细致深入的研究工作,得出了许多精辟的论断和真知灼见。这些研究成果和深邃思想既让我在阅读和思考中获益良多,同时也鞭策我积极响应社会需求,更为科学、更为专业地研究现实问题。基于自身专业背景和对于国土空间格局优化的长期关注,本书着重对陕甘宁易地移民扶贫迁出区土地整治的相关理论、法律、制度、政策、实践等方面进行了系统的调查研究,并为今后进一步更好开展迁出区土地整治提出了相关对策建议。在本书即将出版之际,我更愿意将本书看作是一份学习的心得,或许偶有创新,那也是各地实践和学界先知启示的结果。

静心回首,本书最终得以完成,承蒙大家的眷顾和厚爱!衷心感谢宁夏回族自治区自然资源厅,甘肃省发改委、自然资源厅,陕西省自然资源厅,庆阳市委市政府,古浪县委县政府,广河县委县政府,镇原县委县政府、平川区黄峤镇党委政府等党委政府部门及相关工作人员,在实地调研与座谈、资料收集与分析等方面所给予的大力支持与帮助!衷心感谢工作单位中共甘肃省委党校(甘肃行政学院)及各位同事在调研协调、专家咨询、专著出版等方面所给予的大力支持与鼓励!

由于迁出区土地整治是一项涉及领域、学科、部门、主体等都十分广泛的综合性工作,对于目前存在的问题因自身学识有限尚不能全部一一分析和解决,书中不免存在瑕疵和不足,还请各位读者批评指正!

滕海峰

2023 年 3 月